U0053341

阿富汗史

Afghanistan

戰爭與貧困蹂躪的國家

劉　雲──著

三民書局

二版說明

劉雲教授在中東史研究領域有卓越成就，此大作《阿富汗史——戰爭與貧困蹂躪的國家》為教授的心血結晶，也是認識阿富汗不可不讀的「國別史叢書」系列之一。

此次再版，為符合現代出版潮流，本書除了調整內文間距及字體編排外，也重新設計版式與封面，讓讀者能夠輕鬆、舒適的閱讀本書。本書也增補 2004 年後阿富汗國內外現況與大事年表，期望讀者能更了解當代阿富汗的歷史脈動，並擁有國際觀，以理解、應用於今日世界。

編輯部謹識

序 言

阿富汗是中國的鄰邦，自古以來就和中國存在著經濟、政治、文化、宗教方面的密切交往。阿富汗在整個人類交往史上占有重要地位，阿富汗處於北方的游牧文化與南方的農耕文化的交匯處，它還是中華文明、伊斯蘭文明、印度文明的交匯處。在漫長的古代，阿富汗地區曾經是歐亞大陸特別是亞洲大陸游牧民族遷移的必經之地，也是對中國文化產生了重要影響、且至今仍然影響中國人的生活方式的各大宗教傳入中國的必經之地，如袄教、景教、佛教、伊斯蘭教之傳入中國均經由阿富汗地區；中國的四大發明亦是經阿富汗地區而進入阿拉伯世界，進而傳入歐洲，對歐洲文明的發展做出了重要貢獻。所以，要了解古代各民族和文化的交往，要理解交往的發展在人類歷史上的重要性，阿富汗是一個不能錯過的地區。

進入近代以來，阿富汗又是帝國主義列強爭奪勢力範圍的對象，尤其是大英帝國與沙皇俄國在阿富汗展開了激烈的競爭。阿富汗人民為爭取民族解放，為擺脫帝國主義的壓迫而進行了艱苦卓絕的鬥爭，終於贏得了國家的完全獨立。阿富汗雖然從領土面積上說並不是一個小國，但由於其國力虛弱，始終擺脫不了受大國操縱的命運，第二次世界大戰以後，美、蘇兩大集團在全球展開爭奪，阿富汗又成了超級大國爭奪勢力範圍的對象，在這場爭奪中，蘇聯由於其鄰近阿富汗的優勢，最終占了上風，這導致阿富汗紅色政權的建立和蘇聯的入侵。冷戰結束後，蘇聯從阿富汗撤軍，阿富汗又陷入了混亂的內戰之中。與恐怖主義的聯繫又給阿富汗帶來了災難，英美聯軍的打擊徹底推翻了塔利班政權。可見，近代以來國際政治的許多重要內容都與阿富汗有關，了解阿富汗的歷史，對理解近代以來全球國際政治的發展具有十分重要的意義。

總而言之，阿富汗的歷史是世界歷史的重要組成部分，阿富汗具有重要的國際戰略地位；阿富汗是中國的鄰邦，必然與中國存在著密切的聯繫，加上東突厥伊斯蘭運動組織與阿富汗的關係，學習與研究阿富汗的歷史與現狀，對於國人來說十分必要。但一般人對阿富汗歷史的知識以及對阿富汗現狀的認識卻十分欠缺，所以臺灣三民書局出版的這本《阿富汗史》具有十分重要的意義，相信讀者通過閱讀會對阿富汗的歷史有一個全面的概括性的了解與認識；又由於書中有許多作者本人的觀點，所以它對專門研究阿富汗史的學者也會有參考價值。

本書在時間上從遠古時代一直敘述到美國的占領。這樣在時間的下限上就將歷史與現實結合起來，使讀者能夠既了解歷史又了解現實。但在時間的上限上就產生了問題。對阿富汗歷史有一定知識的人都知道，直到十八世紀阿富汗人才建立了自己的國家。在這之前，阿富汗地區並不存在獨立的國家，它不是大國領土的一部分，就是處在外族的統治之下。例如，在古代，阿富汗有時被納入亞歷山大帝國的版圖，或者成為希臘的巴克特裏亞、塞種人和大月氏人的巴克特裏亞等王國的領土，阿富汗還被包括在孔雀王朝、嚈噠帝國、阿拉伯帝國、蒙古帝國、薩法維王朝、納第爾的波斯人國家之內。但是，我們敘述阿富汗的歷史，不能僅僅從十八世紀開始，因為在今日的阿富汗範圍內，早在遙遠的古代就已經有人類的活動，外族統治的歷史也不能說不是阿富汗的歷史，今日的阿富汗正是從古代的阿富汗脫胎而來。為解決這個問題，本書在敘述阿富汗古代歷史時，主要關注那些在現在的阿富汗地理範圍內發生的政治、經濟、戰爭和文化等，超出今日阿富汗地理範圍的事件，則主要是作為背景加以敘述。上述問題是研究阿富汗問題的學者們普遍面對的難點，也可以說是阿富汗歷史的一大特點。阿富汗歷史的另一個重要特點，就是這個地區總是處在外族的不斷入侵之中，外族的不斷入侵以及由此引起的戰爭幾乎構成了阿富汗歷史的主要內容。戰爭又不可避免地造成了這個地區的貧困與落後。所以，完全可以說，阿富汗從古到今都是一個不斷地被戰爭與貧困蹂躪的國家。究其原因，大概與阿富汗處於各種政治地理板塊的交結之處有著很大的關係，阿富汗處於國際戰略要衝的位置，導致了各種國際政治勢力都在這裡進行爭奪，又導致了各種文明在這裡交匯。本書的敘述從阿富汗的歷史特點出發，大量敘述了發生在阿富汗歷史上的各種交往，包括和平的交往與暴力的交往。因為作者認為，只有從人類歷史交往的角度，才能對阿富汗的歷史有一個恰當的認識與理解。

本書的寫作過程中，作者參考了許多學者的研究成果，這裡

阿富汗史

戰爭與貧困蹂躪的國家

目　次　Contents

二版說明

序　言

第Ⅰ篇　古代篇　1

第一章　古代的阿富汗文明　3

第一節　遠古時代的阿富汗文化遺留　3

第二節　阿契美尼德王朝統治下的阿富汗　7

第三節　亞歷山大的遠征和馬其頓帝國統治下的阿富汗　12

第四節　首次出現的獨立國家：希臘的巴克特裏亞　19

第五節　大月氏人的貴霜王朝　21

第二章　中古時期的阿富汗　27

第一節　嚈噠強國的興起　27

第二節　阿拉伯人的統治與伊斯蘭化　33

第三節　蒙古人的入侵：伊兒汗國和庫爾特王國　38

第四節　蒙古人的餘波：帖木兒帝國　42

第II篇　近代篇　49

第三章　阿富汗民族國家的形成　51

第一節　民族意識的萌芽：蒙兀兒王朝和薩法維王朝統治下的阿富汗　51

第二節　阿赫馬德加冕：民族國家的誕生　57

第三節　杜蘭尼王朝的衰落　61

第四節　鬩牆之爭：杜蘭尼王朝的分崩離析　64

第四章　英國人的入侵與阿富汗人民的反抗　67

第一節　英國人對阿富汗的征服　67

第二節　吉爾查依人的反抗：第一次抗英戰爭　71

第三節　阿布杜爾・拉赫曼：第二次抗英戰爭　74

第四節　阿布杜爾・拉赫曼：阿富汗的重新統一　78

第III篇　現代篇　83

第五章　現代民族主義的興起　85

第一節　馬赫穆德・塔爾奇：青年阿富汗的強國之夢　85

第二節　阿曼努拉：第三次抗英戰爭　89

第三節　挑水夫之子叛亂：阿曼努拉改革的悲劇　92

第六章 夾縫中的生存：納第爾王朝的內外政策 97
第一節 挑水夫之子的末日：納第爾王朝的建立 97
第二節 穩健的改革與中立主義：查希爾國王的內外政策 102
第三節 夾縫中的生存：第二次世界大戰中的阿富汗 106

第IV篇 當代篇 109
第七章 戰後初期的內政外交 111
第一節 馬穆德政府：恢復經濟的措施與民主的試驗 111
第二節 依附蘇聯：達烏德的外交政策 115
第三節 兩個五年計畫：達烏德時期的阿富汗經濟 118

第八章 動盪與變化的十年：1963–1973 年的阿富汗 123
第一節 阿富汗社會的十年變遷 123
第二節 塔拉基和卡爾邁勒：動盪的政局 127
第三節 查希爾國王：外交政策的調整 131

第九章 達烏德東山再起：阿富汗共和國 135
第一節 達烏德政變與阿富汗共和國的建立 135

第二節　新憲法誕生：阿富汗共和國的政治　139
第三節　土地改革與國有化：阿富汗共和國的經濟　143
第四節　多元化：阿富汗共和國的外交　146

第十章　人民民主黨政權與全民抗蘇戰爭　151
第一節　1978 年政變：塔拉基政權　151
第二節　阿明政權與蘇聯入侵　156
第三節　同聲譴責：國際社會的反應　161
第四節　潘傑希爾山谷的槍聲：全民抗蘇戰爭　164
第五節　〈日內瓦協定〉：蘇聯撤軍　169

第十一章　阿富汗內戰　175
第一節　蘇聯撤軍之後的政局：內戰的開始　175
第二節　黑馬殺出：塔利班的崛起　179
第三節　基本教義化：塔利班的內外政策　183
第四節　內戰再繼續：塔利班與反塔利班聯盟　187
第五節　四面楚歌：塔利班政權的對外關係　193
第六節　滅頂之災：美國的打擊　198

附　錄　207
大事年表　209
參考書目　216

第 I 篇

古代篇

第一章　*Chapter 1*

古代的阿富汗文明

第一節　遠古時代的阿富汗文化遺留

學者們在地區研究中往往把阿富汗劃入西亞或中東，也有學者將其列入中亞，其實阿富汗位於中亞南部、西亞東部，其地理位置在亞洲大陸的中心。阿富汗北部與土庫曼、烏茲別克、塔吉克相鄰，東面通過瓦汗走廊與中國相連，南面是巴基斯坦，西面是伊朗。阿富汗是一個多山和多沙漠的內陸國家，阿富汗領土面積為六十五點五萬平方公里，由於多年的戰亂，阿富汗的人口數量缺乏可信的統計，2003 年，聯合國有關部門估計應為二千五百萬人，而阿富汗中央統計局則估計是二千三百七十萬人。在阿富汗的人口構成中，普什圖人 (Pushtu) 約占總人口的一半，是最大的民族，其次還有塔吉克人、烏茲別克人、土庫曼人、吉爾吉斯人等許多民族。今天阿富汗的官方語言是普什圖語和波斯語。伊斯蘭教從七世紀到今天一直主宰著阿富汗各族人民的心靈。

史前時期的阿富汗歷史與文化，由於沒有文字記載，我們只能依據考古資料進行勾勒。在今日的阿富汗境內，考古學家們幾乎發現了史前時代各個歷史時期的文化遺存。在伽色尼省的達什基·納烏爾發現的舊石器時代的工具，考古學家們確定其年代為十～二十萬年以前，也就是說，舊石器時代早期，就有人類在這裡生息繁衍。在阿富汗東北部的達爾拉伊·庫爾地方的遺址中，發掘出了八百件舊石器時代中期的石製手斧、刮削器和尖狀器，學者們確定其屬於莫斯特文化，時間大約在西元前 60000–35000 年之間。在阿富汗的許多地區都發現了舊石器時代晚期的遺址，

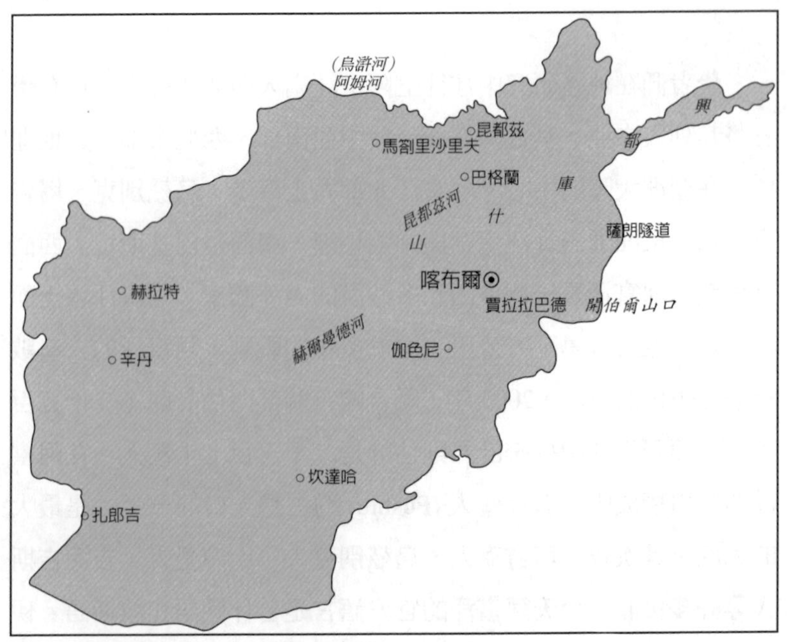

圖 1：阿富汗地圖

例如在從普勒胡姆里到塔什庫爾干之間的卡拉．卡馬爾遺址中有大量的刮削石器、石片器、鑽空石器和獸骨鑽具。在馬箚里沙里夫 (Mazar-I-Sharif) 以南的阿克．庫普魯克，除發現了大量的舊石器時代晚期的石質工具外，還發現了大量的骨質的尖狀器、鑽孔器、打孔器等工具殘片。據考證這些工具是用紅鹿、黃牛、馬、豺、狐的骨骸製作的。通過對庫普魯克遺址的研究，學者們認為這時阿富汗的先民們已經開始馴化動物並培養植物。也就是說，人們的經濟活動除了狩獵與採集之外，還有了原始的農業與畜牧業。

阿富汗的南部比北部更早地出現了向畜牧業和農業的過渡。舊石器時代晚期，生活於巴克特裏亞平原（古代把興都庫什山與阿姆河之間的地區稱為巴克特裏亞）的狩獵者和野生植物採集者，由於動物和植物果實的枯竭，不得不設法尋找新的生存方式，他們開始人工培育曾經大量生長於巴克特裏亞平原的各式各樣的植物，尤其是小麥。小麥的種植當時在坎達哈和阿富汗東南地區非常普遍。也就是在這一地區發現了許多原始的農業和畜牧業遺址。在距邊境不遠的博蘭山口附近，發掘出梅爾加爾居民村落遺址，這裡有用土坯建造的房屋、大量的石製器皿、收割穀物用的石刀和彩陶，其時間被學者們確定為西元前 6000–5000 年。在坎達哈省的孟吉卡克、德赫．莫拉希．格洪達和賽義德．卡拉等早期定居農民和牧民的遺址，時間被確定為西元前 4000–3000 年。孟吉卡克幾乎是一個設有糧庫的城鎮，這裡出土了許多陶輪製造的帶有花紋的陶器。陶輪的使用表明了技術的進步和專業化生產的發展。在坎達哈的遺址中還出土了用銅和青銅製作的斧頭、匕首和各種飾品，表明這些農牧業村落的冶金業已經有了一定的發展。在孟吉卡克遺址中，有一座雄偉的建築物，在莫拉希，有一座用磚坯建成的神殿遺址。說明坎達哈文化已經發展到了繁榮時期，開始由農耕村落向城市居民點轉變，文明的曙光已經來臨。

但不知什麼原因，約西元前 2000 年時，南方的農民文化開始衰退。而這時北方的文化卻高度發展起來。在達夫列塔到馬箚里沙里夫之間的五六個綠洲帶中發現了幾十個農牧者的定居點。這裡多處有灌溉水渠，並發現了青銅製的犁。說明這裡已經形成了綠洲農業。這一帶還發現了大量的鐵製的手工產品，如各種斧頭、鐮刀、鏡子和各式各樣的飾物，另外還有各式各樣的數量眾多的武器，如箭、鑣、戰斧、鏃等。這些發現和前面講到的堡壘都說明這裡長期以來處於衝突不斷的戰亂年代，同時也說明這裡的手工業尤其是冶鐵業已經有了相當的發展，成為專門的生產部門。紡織機和紡織品的出土則反映紡織業的繁榮昌盛。

大陸著名歷史學家彭樹智先生認為，阿富汗的原始文化有三種類型：一是在當地農耕居民傳統文化基礎上發展起來的古代東方型文化；二是中亞和哈薩克草原的青銅器文化；三是前兩種文化的混合。總而言之，豐富多彩的阿富汗史前文化遺留，說明阿富汗的先民在史前時代就已經由於其勤勞和智慧而創造出了高度發達的原始文明。

第二節　阿契美尼德王朝統治下的阿富汗

關於阿富汗最早的文字記載，都出自波斯帝國。學者們就是根據波斯帝國的各種記載，來研究阿富汗的早期歷史。其中最著名的資料有《波斯古經》、《貝希斯頓銘文》和希羅多德 (Herodotus) 的《歷史》。

波斯人是印歐語系的一支，與亞利安人有親緣關係。他們在西元前 2000 年後期居住在伊朗高原的西部，先是臣服於亞述 (Assyria) 帝國，亞述帝國崩潰後，又處在米堤人 (Mites) 的統治之下。米堤人統治時期，波斯人有六個農業部落，四個游牧部落，其中阿契美尼德部落最為強大，處於領導地位。西元前六世紀上半期，米堤王國內亂，阿契美尼德部落的居魯士 (Cyrus the Great) 趁機領導波斯人發動了反對米堤統治的起義。起義取得勝利，米堤國家被滅亡，建立起了波斯人的國家。居魯士及其後繼者利用有利的國際形勢，大力向外擴張。西元前 546 年，消滅小亞細亞半島的呂底亞 (Lydia) 王國。西元前 545–539 年，征服阿富汗地區，他在這一地區建立了三個省，派遣軍隊和行政官員進行管理。西元前 538 年，居魯士滅亡新巴比倫王國。其子岡比斯 (Cambyses II) 於西元前 525 年征服埃及。從而形成了一個龐大的波斯帝國。它的疆域包括小亞細亞、敘利亞、巴勒斯坦、兩河流域、埃及、伊朗高原和中亞的廣大地區，地跨亞、非兩洲，超過了以前的任何一個帝國。

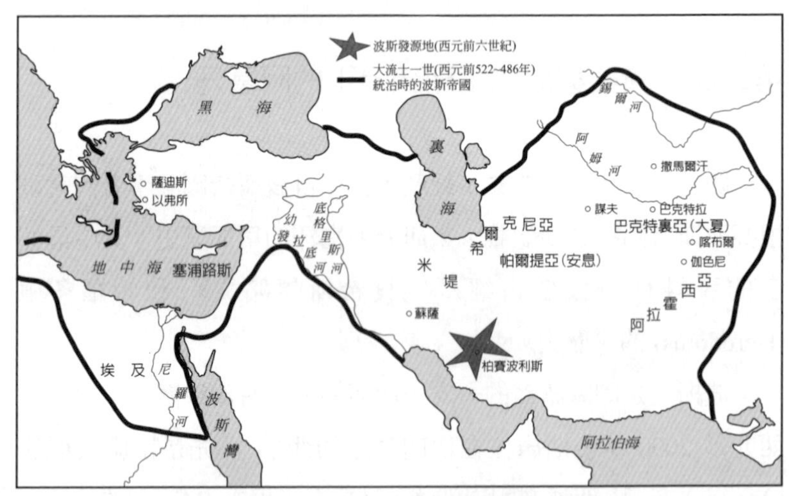

圖 2：波斯帝國（阿契美尼德王朝）疆域

波斯的連年對外戰爭，給國內和被征服地區的廣大群眾造成了嚴重災難，引起了階級矛盾和民族矛盾的激化。當岡比斯在埃及西征迦太基失敗之後，全國到處掀起反抗波斯的起義。西元前 522 年祭司高默達趁機暴動奪取了政權，並馬上下令沒收貴族的牧場、牲畜、土地和奴隸，分給人民，對臣服地區的人民免稅三年並免服三年兵役。高默達起義引起巨大反響，各地紛紛響應，起義浪潮席捲全國，嚴重威脅了波斯帝國的統治。岡比斯聞訊後立即從埃及回師，結果暴死途中。

這場鬥爭持續了七個月，最後與居魯士同族的氏族貴族大流士（Darius，西元前 522–486 年）聯合其他波斯貴族，謀殺了高默達，取得政權。又經過兩年多的時間，把各地的暴動鎮壓下去。他把鎮壓這些起義的情況，用古波斯、新埃蘭、巴比倫三種文字刻在貝希斯頓石崖上。這就是著名的《貝希斯頓銘文》。銘文誇耀了大流士的戰功：他在一年之中打了十九次仗，俘虜了九個國王。這些起義中與阿富汗有關的有馬爾吉西那起義和瓦黑阿茲達塔起義。在馬爾吉西那地區，起義者推選甫拉達為首領。大流士派遣巴克特裏亞總督達達爾什率兵鎮壓，西元前 522 年 12 月，起義者慘遭失敗。根據《貝希斯頓銘文》的記載，波斯軍隊在鎮壓馬爾吉西那起義時，殺了五萬五千多人，剩餘的六千五百七十二人全部被俘。可見起義規模之大、反抗之激烈，以及鎮壓之殘酷。波斯東部地區的游牧部落在瓦黑阿茲達塔的領導下也發動了規模宏大的起義，對大流士構成了嚴重的威脅。瓦黑阿茲達塔自稱是居魯士之子巴爾迪亞，起義後很快向坎達哈地區發動了進攻。西元前 522 年 12 月，起義者在阿富汗地區遭受了一次重大失敗，但在當地居民的支持下，起義者又重新組織起來。西元前 521 年 2 月，波斯軍隊對起義者發起了杜塔瓦戰役，結果起義者徹底失敗，瓦黑阿茲達塔被俘後遇難。經過一系列鎮壓，帝國境內的起義被平息了。

大流士為加強帝國統治，使中央集權在帝國之內牢固地建立起來，從西元前 581 年起，便著手實行一系列的改革。將全國劃分為二十三個行省，由國王任命總督統治，作為國王的代理人掌管行政、稅收和司法，在阿富汗地區也設立了幾個行省。另設軍事長官，負責行省的治安和防衛，二者互不隸屬，相互牽制。還派遣國王之耳目監督他們的行動。建立一支由波斯壯丁組成的近衛軍，包括騎兵六千人和步兵一萬人。全國分為六大軍區，統轄各省軍事長官和地方部隊。還組建一支由腓尼基人和巴勒斯坦人組成的海軍，擁有幾百艘戰船。統一稅制，規定各行省繳納的具體稅額，實行包稅制。統一幣制，流通全國的金幣是大流克，地方上輔之以銀幣和銅幣，並規定了它們之間的比價。金幣只能由中央鑄造，地方可以鑄銀幣和銅幣。修築驛道，以首都蘇薩 (Susa) 為中心的驛道，輻射全國各地。從蘇薩到小亞細亞 (Asia Minor) 以弗所 (Ephesus) 的驛道是最主要的主幹道，稱為御道 (Royal Road)。實行宗教改革，尊奉祆教 (Zoroastrianism) 為國教，但不強迫被征服地區的人民改變原來的宗教信仰。這些改革在加強中央集權統治，促進帝國內部的經濟文化聯繫，鞏固國家的統一方面，起了重要作用，對世界也有很大的影響。其地方行政制度，是後世世界各地實行的行省制度的起源。

波斯帝國地域廣大，境內各地區的經濟文化發展水平很不一致。在東部的阿富汗地區，許多游牧部落還處在原始社會末期，同時在一些綠洲地區也存在著比較發達的灌溉農業，已經進入奴隸制社會的全盛時期。政府鼓勵地下灌溉系統坎井的修建。大約在西元前 1000 年中期，阿富汗地區就出現了坎井。在這些地區，奴隸制經濟有一個顯著的特點，就是奴隸制大農莊的出現，這些大農莊主要是屬於王室、波斯貴族和高級官吏所有，莊園主都住在大城市，由其管理人經營，其主要生產者是家庭奴隸，他們大多數是被征服地區的人民。他們之中有成群結隊的集體勞動，也有的在分得的小塊土地上單獨耕作，還有些從事建築、手工業生產、放牧牲畜等。除了這些家庭奴隸以外，還有大量的貧民，他們耕作農村公社土地，負擔賦稅和徭役，受商人、高利貸者和包稅人的剝削，處境很糟糕，其中有些人淪為債奴和佃耕者。另外，阿富汗地區也出現了一些非常繁榮的城市，各個城市中進行著繁忙的手工業生產與貿易，這些手工業產品和貿易產品主要有：犁鏵、鐵鏟、鐮刀、陶器、金銀飾品、酒等。許多手工作坊的所有者是政府官員。除了這些手工作坊和交易市場外，城市中還有政府衙門、官員與貴族的豪華宮殿。

祆教是包括阿富汗地區在內的波斯帝國的國教，其創立者為伊朗人的先知瑣羅亞斯德（Zoroaster，西元前 628–前 551 年）。它崇拜的最高神阿胡拉．馬茲達 (Ahura Mazda) 是善良和光明的代表。也崇拜火，認為火神是馬茲達之子，火也是光明的象徵。因此，此教也稱拜火教。其基本教義是人世間充滿著善與惡、光明與黑暗的鬥爭，善和光明最終會戰勝惡和黑暗。瑣羅亞斯德活動於西元前六世紀。三十歲創教，四十二歲開始在阿契美尼德王朝統治之前，就在巴克特裏亞地區傳教，當時這裡是巴克特裏亞邦國，國王和大臣很快成為他的信徒，宰相娶了他的小女兒為妻。祆教在大流士一世時被奉為國教，成為維護帝國統一的工具。南北朝時，此教傳入中國。

大流士統治期間，波斯帝國達於極盛。他在改革的同時，繼續對外擴張。西元前 518 年，出兵侵占了印度西北部。西元前 514–513 年，渡海遠征歐洲多瑙河以北地區，被西徐亞人打敗，被迫回師，但仍占領了色雷斯地區，使帝國的版圖進一步擴展到了歐洲，波斯帝國成為世界歷史上第一個橫跨歐、亞、非的大帝國。從西元前 492 年起他又發動了侵略希臘的戰爭，打到希臘本土。但在希臘人的頑強抵抗之下失敗了。他死後他的兒子薛西斯秉承父志，又於西元前 480 年對希臘本土發動第三次進攻，戰爭曠日持久，直到西元前 449 年在塞浦路斯附近的海戰中被提洛同盟海軍徹底打敗。雙方簽訂和約，波斯被迫放棄了對愛琴海的霸權，承認小亞細亞西部沿岸地區的希臘城邦獨立。

波希戰爭的失敗是波斯帝國由盛而衰的轉折點。以後各種內外矛盾激化，各地人民不斷起義，統治集團內爭愈來愈烈，地方勢力反叛中央據地稱王。巴克特裏亞的總督也開始長期與朝廷分庭抗禮。馬西斯塔任總督時就公開起來造反，其弟吉斯塔斯普任總督時也發動了對朝廷的戰爭。阿契美尼德王朝在巴克特裏亞的最後一任總督拜斯，除巴克特裏亞以外，還統治著索格吉亞人、一部分印度人和薩迦人。帝國已經日落西山。西元前 330 年，馬其頓亞歷山大東侵，大流士三世戰敗而亡。波斯帝國從此滅亡。

第三節　亞歷山大的遠征和馬其頓帝國統治下的阿富汗

繼阿契美尼德王朝之後征服和統治阿富汗地區的是馬其頓帝國的亞歷山大大帝。亞歷山大大帝的東征，使包括阿富汗在內的西亞與中亞的歷史、文化和社會生活發生了革命性的變化，開始了亞洲歷史的希臘化時代。

馬其頓位於希臘北部，西元前五世紀到前四世紀逐漸形成國家，腓力二世當政時（西元前 359–336 年）國力達於強盛，率軍

圖 3：亞歷山大大帝雕像

圖 4：大流士三世（立於戰車者）敗戰圖

南下征服了整個希臘，希臘世界成為馬其頓的一統天下。腓力二世正準備進一步東征波斯時，卻不幸遇害身亡。其子亞歷山大（Alexander，西元前 356–323 年）繼承父志，於西元前 334 年率三萬五千人的大軍開始了向東方的遠征。亞歷山大的大軍所向披靡、戰無不勝，相繼攻下小亞細亞、敘利亞、埃及。之後又從埃及揮師向東，在兩河流域的高加米拉 (Gaugamela) 與波斯皇帝大流士三世率領的軍隊展開決戰，結果大獲全勝，波斯主力被其消滅殆盡，大流士三世逃走。亞歷山大繼續長驅直入，兵不血刃地攻下巴比倫、蘇薩和柏賽波利斯，掠奪金銀財寶無數。大流士三世與巴克特裏亞與索格地安那總督比蘇斯 (Bessus) 及其他總督東走米堤，繼又逃到裏海東南山中，比蘇斯勸其退位，不聽，遂將其廢黜。亞歷山大聞訊晝夜追趕。比蘇斯於西元前 330 年 7 月殺死大流士三世逃走，並自稱是波斯皇帝阿塔薛西斯四世。支持他的

圖 5：古都赫拉特　建於亞歷山大大帝時期。

人有阿拉霍西亞與德蘭吉亞那 (Drangiana) 總督巴沙恩特斯 (Barsaentes)，阿列亞總督薩提巴爾贊 (Satibarzanes)，索格地安那貴族霍里恩 (Chorienes)、奧克夏特 (Oxyartes)、斯皮達馬等人。

大流士三世被弒，標誌著阿契美尼德王朝的滅亡。亞歷山大下一步的任務是要消滅逃到了巴克特裏亞的比蘇斯勢力。為了鞏固後方，控制交通要道，亞歷山大先征服了東部伊朗各地。西元前 330 年冬，他馬不停蹄地北進，先取希爾克尼亞，當地總督塔普里亞 (Tapuria) 投降。繼而攻克阿列亞，其總督薩提巴爾贊亦歸附。之後，他準備向東北取捷徑入巴克特裏亞，但因阿列亞反叛，遂即折回，南取德蘭吉亞那，在路上建立亞歷山大城（即今赫拉特，Herat）。在德蘭吉亞那時，他的騎兵指揮裴羅塔斯 (Philotas) 因謀叛與其父帕爾米尼奧 (Parmenio) 被處決。亞歷山大取得今呼羅珊、俾路支與錫斯坦之地後，便於西元前 329 年初開始進攻巴克特裏亞。希臘大軍逆赫爾曼德河而上，經過阿拉霍西亞，然後向北，沿商路到達喀布爾。亞歷山大率二萬五千人進攻比蘇斯所在的奧爾諾斯（Aornos，在馬窩里沙里夫的東面），比蘇斯越過阿姆河，逃往索格地安那的腦塔卡 (Nautaca)，亞歷山大兵不血刃地取得了巴克特裏亞。然後用皮筏渡過了寬闊的阿姆河。跟隨比蘇斯的索格地安那貴族斯皮達馬見勢不妙，囚禁了比蘇斯，自己卻逃跑了。亞歷山大下令鞭打比蘇斯，並割鼻去耳，最後處死。攻取腦塔卡之後，亞歷山大又於西元前 329 年攻克索格地安那首府馬拉坎達（即撒馬爾汗），然後向錫爾河進發。

錫爾河右岸住著塞種人部落，左岸是大小不一的一些城鎮。亞歷山大首先對左岸的城鎮發起進攻，經過極為殘酷的戰鬥，共奪取了七個城鎮，這些城鎮中參加抵抗的居民被屠殺無遺。亞歷山大在這裡建立了一個新城——亞歷山大·厄什哈特 (Alexandria Eschate)，以此作為防禦河北的塞種人進犯的據點。亞歷山大又下令造木筏渡河進攻塞種人，河東的塞種人部落進行了一些抵抗後撤走了。希臘人追趕了一段，但天氣炎熱，戈壁無水，加以軍中發生痢疾，亞歷山大被迫回師。此後，亞歷山大為鎮壓索格地安那人的反抗、為打擊斯皮達馬的軍隊進行了一系列艱苦的戰鬥。

但各地人民並未屈服，單純的鎮壓政策已不能奏效。亞歷山大改變政策，先是在索格地安那與巴克特裏亞修築了許多城池，並移民實邊，將許多希臘人、馬其頓人、伊朗人移居到阿富汗地區，使當地居民中增加了新的成員。亞歷山大還拉攏利用當地貴族上層，並採用當地的制度和風俗習慣，以爭取當地民族的歸順。例如實行跪拜禮、穿波斯和米堤服飾等，亞歷山大身體力行。這一度引起了過慣軍事民主制生活的馬其頓人的不滿。但這種政策卻使許多當地貴族轉到了亞歷山大陣營。後來就是在當地貴族的幫助下，亞歷山大消滅了斯皮達馬。亞歷山大對投降的貴族加以寬恕，並歸還了他們的財產。對未參加起義和反抗的貴族則獎勵金錢。他還任命當地人為索格地安那總督，並娶奧克夏特之女羅克薩娜 (Roxana) 為妻。這是一種政治婚姻，目的是為使馬其頓人同東伊朗各族、巴克特裏亞人、索格地安那人及塞種人和解。

西元前 327 年，亞歷山大征服了整個索格地安那之後，就渡過阿姆河南下遠征印度。臨行前，他留下一萬騎兵和三萬步兵駐守巴克特裏亞。亞歷山大對阿富汗地區的征服，給這裡帶來了巨大的災難。人民遭受殺戮，城鎮被毀壞，財富被掠奪，經濟被破壞。但亞歷山大的遠征也使西方文明得以傳播到遙遠的東方。大量的希臘人、馬其頓人湧到阿富汗和中亞的其他地區，在這裡定

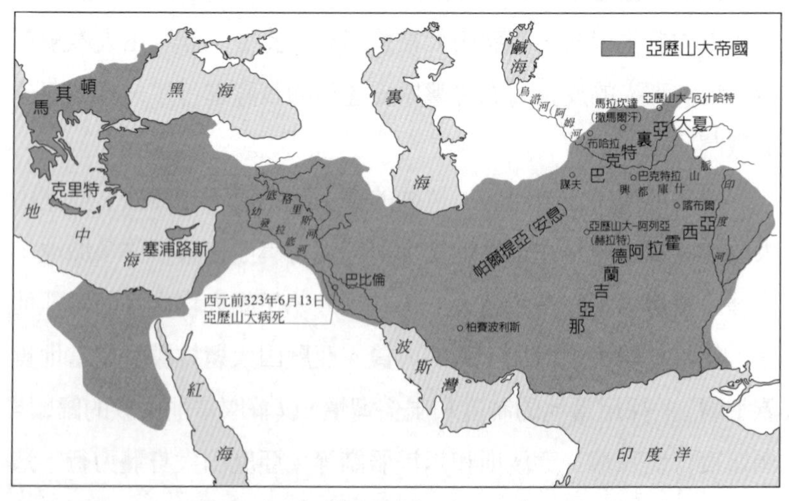

圖 6：亞歷山大帝國疆域（西元前四世紀）

居下來，在希臘總督的統治下生活，且同本地民族通婚。亞歷山大在其所到之處皆修築城池，實行軍事屯墾，實行馬其頓的制度，也帶來了馬其頓的文化與習慣。特別是希臘的藝術對阿富汗各民族產生了一定的影響。希臘人修築的城鎮多半在商道附近，它使中亞各地區、各民族比以前更多地從事商業活動和國際貿易，東西方文化在這裡交融，各民族的商人往來於愛琴海、兩河流域、波斯、巴克特裏亞、印度、中國、中亞和西伯利亞的商路上，東西方文化的交流活躍起來，為以後絲綢之路的開通打下了基礎。

亞歷山大在印度西北進行了一些並不十分成功的征服後，於西元前 324 年回到波斯的蘇薩，繼而又到巴比倫。由於車馬勞頓而患病發燒，又由於縱酒享樂而致病情加重，於西元前 323 年 6 月 13 日死去，年僅三十二歲。

亞歷山大死後，他的龐大的帝國陷入混亂之中。被征服地區的人民不斷起義，各地的希臘軍隊經常譁變，各地的總督擁兵自重，為爭帝位的繼承而展開的爭奪與混戰，終於使帝國四分五裂。在這場混戰中，巴比倫總督塞琉古最終占了上風，將亞歷山大帝國的亞洲領土納入他的統治之下，塞琉古王朝因以建立。時為西元前 312 年。所以從西元前 312 年到西元前 250 年這段時間，阿富汗地區是屬於塞琉古王朝統治的範圍。

圖 7：塞琉古雕像

在塞琉古王朝初期，斯塔薩諾爾

(Stasanor) 統治著巴克特裏亞和索格地安那。西元前 306 年，塞琉古前來，斯塔薩諾爾臣服。塞琉古不但統治了巴克特裏亞，而且同印度的孔雀王朝達成了和解。塞琉古娶斯皮達馬之女阿帕瑪為妻，生子安條克 (Antiochus)。西元前 293 年，安條克代表他父親統治著東伊朗，其任務是防禦草原地區的塞種人入侵，加強對阿列亞與巴克特裏亞的控制。西元前 280 年，塞琉古被下屬官員所殺，安條克繼位，是為安條克一世。西元前 260 年其子安條克二世繼位，在位十五年（西元前 261–246 年）。

塞琉古及其子孫繼亞歷山大的作法，在阿富汗地區設立殖民村和城鎮，以保衛帝國的東北邊境，並以自己的名字為城鎮命名。如塞琉古城、安條克城等。塞琉古王朝的政策同亞歷山大相比，是更加積極地推行希臘化。塞琉古王國作為當時最大的一個希臘化國家，其經濟頗為發達，國家也極力維護同東方的貿易。王朝的統治者為了滿足自己的奢侈生活，非常需要東方的各種物品，如中國的絲綢、印度的香料等。當時塞琉古王國控制著四通八達的商路。從巴克特裏亞出發往西，可達波斯、米堤、兩河流域和愛琴海沿岸，往南可通印度，往東可到中國，往北則達中亞和西伯利亞。統治者從這些商路上得到了巨大利益。各民族的商人絡繹不絕地往返於這些道路，販運東西方貨物，給王國的經濟帶來了繁榮，也促進了東西方文化的交流。

塞琉古王朝雖然在阿富汗地區建城、屯墾、殖民、戍兵，卻不能控制草原地區的游牧民族。達赫人南侵到了阿富汗北部，塞種人、索格地安那人、巴克特裏亞人也不斷地進行著各式各樣的反抗鬥爭。中亞各族人民的鬥爭一直持續到希臘統治者最後垮臺。

第四節　首次出現的獨立國家：希臘的巴克特裏亞

西元前 250 年，巴克特裏亞總督狄奧多德 (Deodotus) 宣布脫離塞琉古王國而獨立。阿富汗地區首次出現了獨立國家，狄奧多德是希臘人，所以史稱「希臘一巴克特裏亞王國」(the Graeco-Bactria Kingdom)。這個國家就是中國史書中所說的「大夏」。它的版圖除巴克特裏亞之外，還包括阿列亞、索格地安那和馬爾基納。這裡擁有肥沃的土地、發達的灌溉系統和豐富的礦藏，處於希臘、波斯、印度和中華文明的匯合之地。

巴克特裏亞獨立的同時，帕爾提亞與希爾克尼亞總督安德拉格拉斯 (Andragoras) 也宣布獨立，脫離塞琉古王國。後來這個希臘人的新王國又被波斯人阿爾撒西斯 (Arsaces) 取代。此即中國史書中所說的「安息」。「安息」即 Arsaces 之譯音。安息國的領土後來擴展到整個伊朗，並及於兩河流域，成為伊朗歷史上的重要王朝。

大夏獨立初期，與安息的關係完全是敵對的。但到狄奧多德二世時，雙方關係有所改變，曾結成同盟戰勝了塞琉古王朝，結果使安息的勢力大增，終於成為大夏與塞琉古王朝的勁敵。因為與安息結盟，引起了塞琉古王朝和大夏王國希臘統治集團內部的不滿，索格地安那總督歐西德莫斯殺死狄奧多德二世，奪取王位，大夏的歐西德莫斯王朝從此開始。在他統治期間，受到了塞琉古王朝安條克三世的進攻。西元前 209 年安條克三世的軍隊渡過阿列亞河，在赫拉特地區與大夏騎兵進行激戰，擊潰了大夏兵，但在戰鬥中安條克嘴上挨了一刀，幾顆牙齒被砍掉。之後開始了對大夏都城巴克特拉為期兩年的圍攻。該城久攻不下，最後只好進行談判。雙方簽訂和約，安條克三世承認歐西德莫斯的國王封號，並將公主許配給其子德米特裏 (Demetrius)，歐西德莫斯接受防止塞種人入侵以保衛邊境安全的要求，並給塞琉古的軍隊送去了糧食和戰象。

歐西德莫斯企圖占領興都庫什山以南的地區。同塞琉古的安條克三世訂立了盟約之後，他勸說安條克三世占領了喀布爾地區。西元前 190 年，羅馬帝國同塞琉古王國交戰，安條克三世大敗。德米特裏乘機占領了包括喀布爾在內的印度西北地區。由於他長期滯留印度不返，大夏本土發生了叛亂。軍事將領歐克拉提德斯 (Eucratides) 宣布自己為大夏國王。後來他發動了對印度西北部的戰爭，與德米特裏發生了激烈的戰爭，奪取了德米特裏在印度的一部分領土。德米特裏大約在西元前 160 年被殺。

歐克拉提德斯是一個道地的希臘人，常以希臘血統而自傲，輕視大夏本地民族傳統，比其前人更加積極地推行希臘化政策。而在安息的威脅面前，表現得軟弱無能，引起大夏統治集團內部的不滿。西元前 156 年他從印度返回後，被其子所殺。不久，奪權者又被其兄弟赫裏奧克里斯 (Heliocles) 所殺而繼位為王。這是大夏的最後一位國王。

大夏國存在了百年之久，在歐西德莫斯和德米特裏時期經濟文化非常繁榮，達於鼎盛。大夏土地肥沃，對發展農牧業都極為有利。它處於東西南北交通的要衝，商業也很興盛。無論來自中國的絲綢、來自中亞和西伯利亞的黃金，還是來自印度的香料、象牙，以及從海上轉運來的中國南方的特產，都要從這裡轉運到西方去。商隊絡繹不絕於途，沿路城鎮不可勝計，大夏因有「千城之國」之美稱。為了方便商品流通，國王們發行了大量的錢幣。

大夏的文化也很發達。語言方面，希臘語是官方和商業社會中的通用語，大夏人也採用阿拉米亞文、粟特文和希臘文書寫本地語言。大夏人的宗教信仰受到各方面的影響。大夏作為祆教的發源地，信仰這種宗教的人當然最多。希臘人到來之後，也有許多人接受了希臘的宗教。而這裡的希臘人則把當地的地方神與希臘的古典神混而為一。另外，印度的佛教也在大夏獨立時期傳到了這裡。阿富汗的坎達哈舊城曾經發現了一件用希臘文和阿拉米亞文兩種文字的銘文，談及阿育王皈依佛教之事，這說明佛教已經傳到了這裡。

第五節　大月氏人的貴霜王朝

大月氏人本為中國西北的游牧民族，長期游牧於河西走廊。由於受匈奴壓迫，被迫西遷，西元前二世紀中期，來到索格地安那，並與塞種人先後攻入大夏。最後，大月氏人占了上風，失敗的塞種人再向南進入德蘭吉亞那， 稱其地為薩迦斯坦 (Sakastan, Segistan)，即今日阿富汗之錫斯坦 (Seistan)。西元前 135 年，大

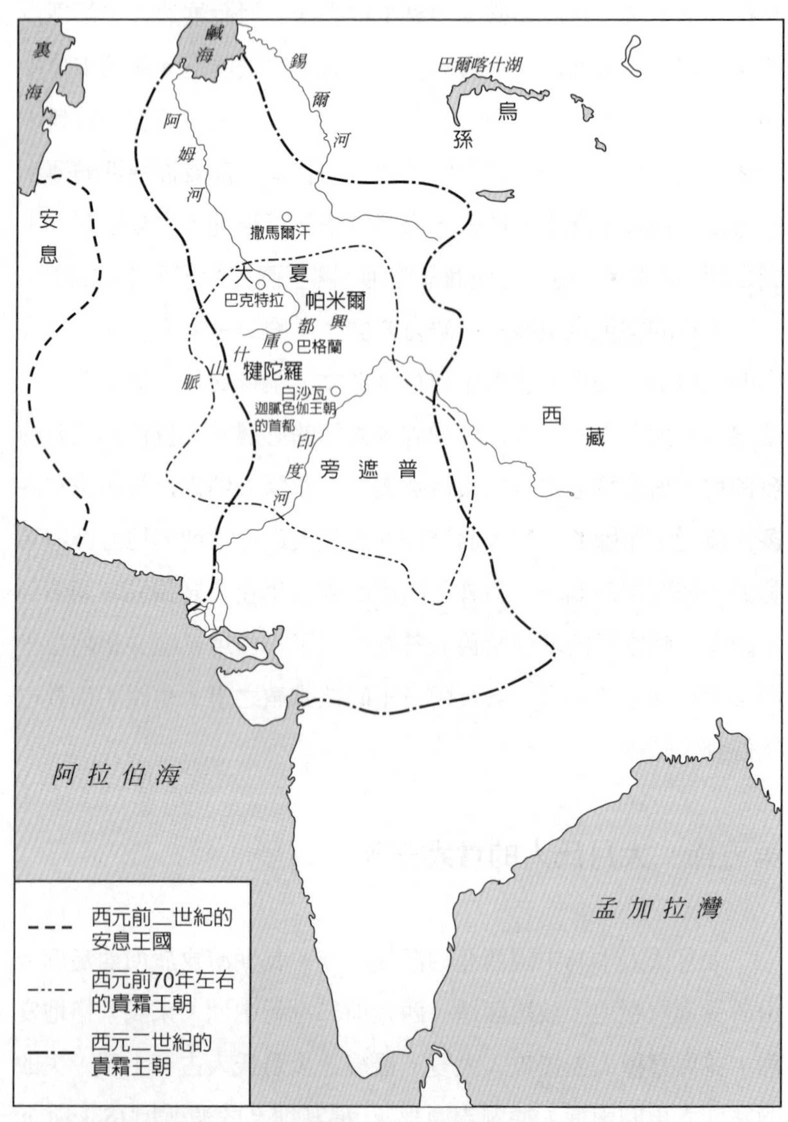

圖 8：貴霜王朝疆域（西元前一世紀～後二世紀）

夏國王赫裏奧克里斯及其家族撤出大夏本土，退到興都庫什山以南，那裡有他的同族人歐西德莫斯二世做國王，統治著喀布爾河谷。他可能把一部分領土讓給了赫裏奧克里斯。

大月氏人占領索格地安那和大夏之後，建立了強大的國家，歷史上這個國家被稱為貴霜帝國或貴霜王朝 (Kushan or Kwei-shang Dynasty)。《後漢書．西域傳》云：「月氏自此之後，最為富盛，諸國稱之皆日貴霜王。漢本其故號，言大月氏云。」大月氏人把部落首領稱作翎（翕）侯，到大夏時，大月氏人有五翎侯，散居今日阿富汗各地。西元一世紀中期，丘就卻統一了各翎侯，建立了貴霜王朝，這發生在大月氏遷到大夏一百多年之後。丘就卻建立貴霜王朝後，發動了一系列戰爭，將巴克特裏亞、瑪爾吉亞那、希爾克尼亞、高附（喀布爾）納入其統治之下。

西元 75 年，丘就卻活到八十多歲才去世，繼位的是他的兒子閻膏珍。閻膏珍征服了天竺（印度西北部），把勢力擴展到旁遮普和印度河流域，並任命太守治理天竺。西元一世紀後半期，大月氏的勢力已經及於大夏國的全境。西元 88 年貴霜國曾送貢物到中國，要求賜漢公主為婚，使者被班超逮捕。貴霜派七萬大軍來伐，結果被班超打敗，被迫向東漢王朝納貢。

貴霜帝國最繁榮的時期是迦膩色伽 (Kanishka) 在位的年代（西元二世紀前期）。他繼續擴展了帝國的領土。他吞併了花剌子模 (Khwarizm)，可能還統治了布哈拉，他在印度的勢力擴展到了信德和馬土臘，並把自己的首都搬到了白沙瓦 (Peshawar)。貴霜帝國的規模得到空前擴大。貴霜王朝不但與東方保持著密切交往，而且曾派使者到羅馬，羅馬皇帝安敦（奧理略）也曾遣使到大月氏。這都說明了貴霜帝國在國際上的地位。

貴霜帝國大約在三世紀時開始衰落。迦膩色伽死後，花剌子模先脫離貴霜王朝而獨立，阿姆河以北的索格地安那也分裂出去另立一國，瑪爾吉亞那被伊朗奪去，在印度的領地也逐漸縮小，最後貴霜王朝只在喀布爾地區得以保存。五世紀後半期，貴霜王朝終於在嚈噠人的打擊下滅亡了。

貴霜王朝是一個奴隸制的集權國家。這個國家的統治階級是大月氏貴族。國家透過經常進行的戰爭獲取奴隸。奴隸被廣泛地應用於農業生產和水利工程的建設上。考古發掘證明，貴霜王朝時，花剌子模、索格地安那、貼爾美茲、費爾干納等地的人工灌溉工程在規模上和數量上都較前一個時期有大的發展，這需要大量的奴隸勞動才能完成。

貴霜帝國處在東西方交通要道上，因國際貿易而得到了巨大利益。貴霜帝國不但擁有通往中國和地中海沿岸的商路，也有南達印度的商路，還有北經花剌子模去東歐的商路。大月氏人充當著東西方貿易的中介，他們是東西方貿易中最活躍的商人。商人們販運的貨物是各式各樣的。其中有中國的絲綢，印度的細布、香料、胡椒、黑鹽，羅馬的金銀奇貨、夜光璧、琉璃，阿拉伯半島的獅子、犀牛、孔雀等。為了便利商品流通，每個貴霜王都發行了錢幣，錢幣上多鑄有佛像。

貴霜帝國境內的宗教信仰是多種多樣的。帝國的主要宗教是佛教，但以前的宗教如祆教、希臘神的崇拜、地方神的崇拜並沒有被排除。佛教是貴霜帝國最重要的宗教，大月氏人自進入大夏後就開始信仰佛教。迦膩色伽時，佛教最為興盛。他大力保護和提倡佛教，當時犍陀羅 (Gandhara) 與克什米爾兩地成了佛教的中心。迦膩色伽組織了佛教史上的第四次集結，這是他為振興佛教所做的最大功德。他還到處修建佛塔、佛寺、雕塑佛像。以巴米安的大佛像最為有名，其中兩尊最大的佛像位於今喀布爾西北約九十七公里處，是在沙岩峭壁上鑿成的，一尊高五十三公尺，是世界上最大的佛像，另一尊高三十七公尺。立佛周圍及其附近的山崖上，遍布著繪有各式各樣的精美圖畫的大小洞穴千餘個。依洞壁而立的佛像造型優美、雕刻精細，反映了古代阿富汗人民的聰明才智，巴米安也因此成了聞名於世的佛教聖地。但可惜的是巴米安大佛已經被塔利班政府炸毀。在佛教雕刻中，犍陀羅藝術非常有名。犍陀羅位於今巴基斯坦與阿富汗交界處，西至昆都茲河 (Kunduz)，東到印度河，是貴霜王朝統治的中心地區。這裡的佛教造像體現出強烈的希臘色彩，應該是信仰佛教的希臘藝術家，或者是佛教徒請希臘人雕刻的。這種藝術形式傳到中國後，對中國西北的石窟佛教藝術產生了深遠影響。

圖 9：巴米安大佛　其臉部為塔利班軍隊炸毀。

第二章 | *Chapter 2*

中古時期的阿富汗

第一節　嚈噠強國的興起

嚈噠人在希臘人的歷史著作中被稱為 the Hephthalitai 或 Ephthalitai，而阿拉伯和波斯人則稱之為 Haytal 或 Hetal，中國史書《北史》記載，嚈噠人為大月氏之種類。據說，嚈噠人最早分布於阿爾泰山以南到天山東部的地區。西元 126 年，嚈噠首領曾率軍參加過班勇指揮的對北匈奴呼衍王的戰爭，因其有功，被封為後部親漢侯。直到四世紀時，嚈噠還是一個小部，隸屬柔然。

後來可能是受柔然的壓迫，嚈噠部被迫西遷。他們大約在五世紀初，來到了索格地安那，其中心是粟特。嚈噠人到達阿姆河與錫爾河之間的地區以後，很快就向巴克特裏亞的貴霜王國發動了進攻，大約在 420 年代期間占領了巴克特裏亞。其後，他們進一步征服吐火羅、巴達克山、克什米爾、喀布爾、犍陀羅與旁遮普；向東則趁柔然衰弱之機占領了塔里木盆地的許多地方。從此，

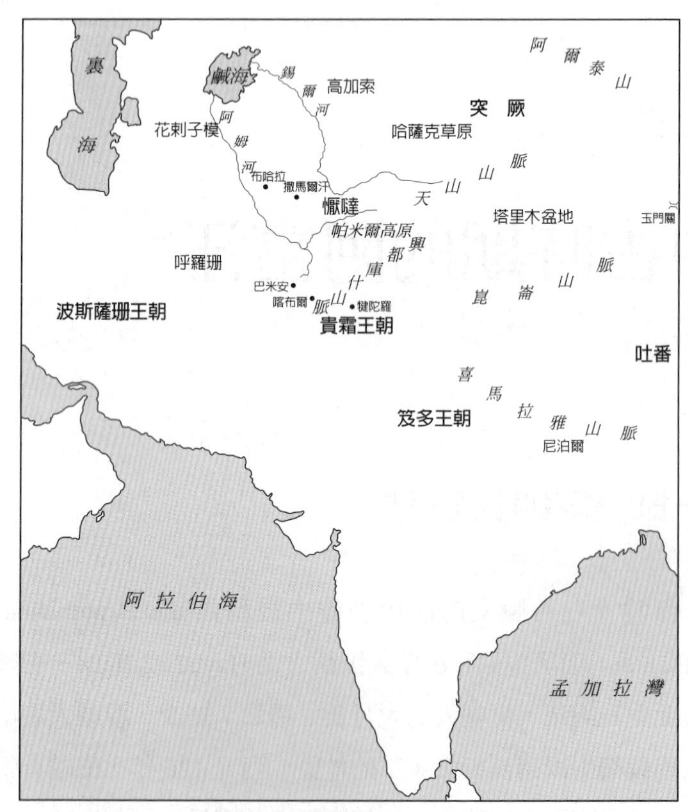

圖 10：五世紀的中亞形勢

嚈噠成為中亞強國，以巴爾赫（Balkh，即巴里黑）為國都。

嚈噠位居中國和波斯之間，它與波斯的關係尤其密切。據說嚈噠人由於聽說波斯王生活豪華奢侈，便準備去劫掠，於是他們渡過阿姆河，向呼羅珊地區進攻。波斯國王巴赫拉姆足智多謀，當他聽到嚈噠人來襲的消息時，他把波斯軍隊召集起來，由他親自率領朝阿塞拜疆方向狩獵去了。他的軍隊到厄爾布爾士山區以後則迅速向東挺進，在謀夫 (Merv) 地區出其不意地向嚈噠人發動了進攻，結果大敗嚈噠軍，殺其王，獲其妻室和無數戰利品。嚈噠人被迫退卻並請和，雙方簽約以塔里寒為界。以後巴赫拉姆又出征印度，奪取了信德與馬克蘭。

巴赫拉姆死於西元 438 年，其子耶斯提澤德繼位，他與嚈噠人進行了多年的戰爭，互有勝負。457 年，耶斯提澤德死，其長子菲魯茲與次子霍爾穆茲爭位，後者繼位後，菲魯茲渡過阿姆河逃到嚈噠人當中，嚈噠人派了一支三萬人的軍隊幫助他返國，奪取了波斯的王位。成為國王之後不久，菲魯茲就率軍進攻幫助他奪取了王位的嚈噠人，但戰爭失敗，菲魯茲被俘，最後繳納了贖金才被釋放。菲魯茲感到沒有大國的支持，他無法單獨戰勝嚈噠人，於是轉而尋求拜占庭人的支持。拜占庭給波斯人提供了大量的黃金以支持其對嚈噠的戰爭，但這次戰爭又失敗了，菲魯茲再度被俘，被迫以巨額代價贖身。據說嚈噠人提出菲魯茲必須繳納三十頭騾子馱滿的白銀，菲魯茲雖對波斯人民極力搜刮，也籌集不到如此多的白銀，只好將自己年幼的兒子居和多 (Kavadh) 留作人質，同時給嚈噠人繳納大量的貢賦。484 年，菲魯茲又發動了對嚈噠的第三次戰爭，曾一度打到謀夫，但最終戰爭失敗，菲魯茲也在這次戰爭中戰死。之後，菲魯茲之弟沃洛蓋斯 (Vologases) 繼承王位，波斯繼續向嚈噠人納貢。488 年，居和多被釋放回國，被立為國王，此人統治波斯達四十年之久。

居和多時期，馬茲達克教在波斯興起，其教宣傳人生來平等，應廢除特權，實行共產共妻，同時應當禁止殺生。居和多為了加強王權、削弱貴族勢力，積極支持馬茲達克教，且自己也表示信仰該教。他的作法引起了貴族們的反對，其統治被推翻，他的一個兄弟被立為王。居和多在其妻的幫助下逃往嚈噠，並娶嚈噠公主為妻。在嚈噠人的支持下，居和多很快又奪回了王位。居和多時，波斯繼續向嚈噠人納貢，雙方並且在502年聯合進攻了拜占庭帝國。但雙方也經常發生互有勝負的戰爭和衝突。

嚈噠人是在五世紀中葉開始進攻印度的。印度的笈多王朝無力擊敗強大的嚈噠人，到六世紀初，嚈噠人已經滅亡了印度河流域的諸月氏小國，統治了印度西北部的大部分地區。這一時期的嚈噠王國實力雄厚，四面八方都來朝拜和納貢，成為中亞地區最強大的國家。中國僧人宋雲去西域取經時，曾路過嚈噠國，他的《宋雲行記》中對嚈噠國的繁榮景象多有描寫。根據印度發現的嚈噠錢幣，我們知道有一個嚈噠國王名叫頭拉曼納（Toramana 或 Turkman），另一個嚈噠王是頭拉曼納之子，名叫米黑拉庫拉（Mihirakula 或 Mahirakula），《大唐西域記》則稱其為摩醯邏矩羅。頭拉曼納在位時間與波斯王居和多大致相同。據說嚈噠人不信佛教，而專事鬼神，對信仰佛教的印度諸小國多有攻掠，並毀滅佛法，驅逐僧侶。但摩揭陀國卻一度打敗了嚈噠人的進攻。米黑拉庫拉死後，嚈噠國開始衰落。

嚈噠人與中國的關係也很密切。嚈噠曾為柔然的部屬，嚈噠首領曾與柔然貴族通婚，有一個嚈噠王的三個妻子都是柔然貴族的姐妹。嚈噠強盛之時，天山南路的諸多小國盡屬其統治。為了爭奪對商路的控制，嚈噠與高車發生了衝突。嚈噠人首先向高車發動進攻，打敗了高車軍隊，殺死了高車首領，並將高車首領之子彌俄突俘虜而去。後來，嚈噠人又將彌俄突送回，並支持他登上高車王位。嚈噠人既控制了高車，高昌、焉耆便也在其掌握之中。後來高車與柔然發生戰爭，在嚈噠人的支持下，高車最終打敗了柔然。嚈噠既稱霸於西域，又控制了絲綢之路的要衝，嚈噠的使者及商人來中國內地朝貢和經商者便很頻繁。據中國史書的明確記載，六世紀前半期，嚈噠國王派使節到中國朝貢達十二次之多。

五世紀到六世紀中期，是嚈噠的強盛時期，這一時期，嚈噠不僅威鎮波斯，君臨印度，而且稱霸於天山南路，遏制了柔然的發展。但是，嚈噠人的國家和歷史上任何游牧人建立的國家一樣，迅速地興起，然後又迅速地消逝了。

嚈噠人統治阿富汗時，阿富汗的社會經濟形態正在由奴隸制社會向封建社會轉變。以前比較繁榮的手工業和商業城市在這一時期相對衰落了，而一個個以自給自足為特徵的封建莊園在阿富汗各農耕地區發展起來。大概每一個村子都形成了一個莊園，莊園周圍都建築了高大的城牆，以保衛村莊的安全，莊園的中心有高高的塔樓，有士兵守衛。圍牆之外是田地、果園，向四周延伸二、三十公里，並有發達的人工灌溉系統。莊園的周圍還有貿易集市，在這些集市貿易的基礎上又逐漸形成了一些城鎮。莊園的首領是莊園主，他和全村的人都住在城堡中，他享有莊園的所有政治經濟特權；農民是莊園的主要勞動力，沒有多少自由，附屬於莊園主。在自然經濟條件下，每個莊園自給自足，這就促成了這一時期及其後阿富汗在政治上的分散性和許多小國各自為政的局面。不論是以前的大月氏人，還是現在的嚈噠人，都只是滿足於高高在上的地位，只要能夠徵得賦稅，他們一般不干預基層的行政與經濟管理。在這種情況下，莊園主儼然是一方君主。

基本的經濟生活依然是從事農業，種植的作物有小麥、黍、大麥、豆類、苜蓿、葡萄等。但畜牧業在這一時期的阿富汗經濟中仍占有一定的分量。進入阿富汗之後，一部分嚈噠人逐漸轉向定居農業，但仍有許多嚈噠人過著居無定所的游牧生活，他們「居無城廓，游軍而治，以氈為屋，隨逐水草，夏則隨涼，冬則就溫。」既是嚈噠王的處所也是一個大氈帳，嚈噠國的首都則隨國王的牙帳而遷移。從事游牧的當然不僅僅是嚈噠人，還有許多阿富汗的原住民也過著游牧生活，如一部分普什圖人。

無論是大月氏人的貴霜帝國還是嚈噠人的國家，其統治者顯然從對東西方商路的控制中獲得了巨大利益。裏海沿岸的各港口都掌握在嚈噠人手中，他們不但同拜占庭、伊朗、印度、中國進行貿易，而且控制著這些國家通過阿富汗的過境貿易，獲取了巨額的商業利潤和貿易稅。為了促進商業貿易的發展，嚈噠人也發行了錢幣，嚈噠王鑄造的錢幣完全依照當時印度錢幣的模式，一面是國王的頭像與名字，另一面是孔雀圖案。考古學家發現的嚈噠錢幣上有一種尚不認識的文字，估計是嚈噠文。這時除嚈噠人自己鑄造的以外，還有大量的其他國家的錢幣在阿富汗流通，尤其是波斯的錢幣在阿富汗廣為流通，這些錢幣主要來自於波斯人長期大量的賠款和貢賦。由於嚈噠人經常和中國人進行貿易，阿富汗和波斯的錢幣便復流通於中國。

嚈噠衰落的同時，在中國西北的突厥人強大起來首先滅掉了柔然，直接對嚈噠國形成威脅。另一方面，印度的地主邦君開始把嚈噠人的勢力從旁遮普驅逐出去；在西方，嚈噠再也不能威脅波斯，反而經常被波斯王居和多打敗。西元 554 年，突厥木杆可汗與波斯王庫思老一世建立了關係， 在 563–568 年聯合進攻嚈噠。嚈噠人大敗，嚈噠人被殺，其領土被波斯與突厥瓜分。從此開始了亞洲歷史的突厥化時代。

第二節　阿拉伯人的統治與伊斯蘭化

突厥人占領之後，在包括阿富汗在內的中亞地區建立了強大的國家。但突厥人對阿富汗各地的統治並不十分堅固，到阿拉伯人遠征到這裡時，阿富汗地區早已歸入中國唐朝版圖，分屬幾個都護府管轄。但唐朝的統治並不是非常有效，雖然這時阿富汗地區的許多小國名義上都臣服於唐朝，實際上它們都獨立或半獨立地存在著，相互之間不斷地進行著戰爭。正是這種紛爭的局面便利了阿拉伯人的入侵。限於篇幅，本文不再敘述這段歷史，而直接講述阿拉伯人對這一地區的統治。

七世紀中期，阿拉伯人開始了對阿富汗地區的征戰。阿拉伯人對阿富汗的征服可分為兩個階段。七世紀下半葉是前一階段，八世紀以後是後一階段。前一階段的特點是以掠奪財富與擄獲戰利品為主。這一時期傳播伊斯蘭教並非征略者所關心的。所以呼羅珊地區的阿拉伯總督派遣軍隊去劫掠索格地安那之後，掠奪到了大量的財富，但他們每年都要返回呼羅珊過冬，並不在那裡駐留。西元 652 年，阿拉伯人占領了赫拉特。673 年，阿拉伯人又從呼羅珊出發，渡過阿姆河進攻布哈拉地區，進行了大量的掠奪後，他們帶著大量的戰利品、金銀財寶、武器等又返回呼羅珊。676 年，他們再次進攻布哈拉，布哈拉女王被迫投降。九世紀初，占領了包括喀布爾和坎達哈在內的整個阿富汗地區。阿富汗各地的人民對阿拉伯侵略者進行了頑強抵抗。

阿拉伯人占領了這一地區後，宣布大部分土地為國家所有，租佃給農民耕種，國家收取地租和賦稅。地租和賦稅主要用於國家的軍事和行政開支。也有一大部分土地落入阿拉伯貴族手中。土地被重新分配和調整後出現了多種土地所有制形式。其中主要有：封建采邑或封地、宗教瓦克夫（Wagf，宗教地產）、投降的當地大地主的原有土地、部落擁有的土地、國家土地等。阿拉伯人的占領導致阿拉伯人向這裡遷移。移居到阿富汗地區的阿拉伯人都分配到了土地和住宅，這些房屋和土地當然都是從當地人那裡掠奪來的，他們獨立居住，並與當地婦女通婚，他們的後代不再是純粹的阿拉伯人，但他們也一直沒有與當地民族融合。他們是阿拉伯帝國在阿富汗地區實施統治的支柱，也是伊斯蘭教的積極傳播者。

阿拉伯人占領阿富汗後，在文化方面給阿富汗社會帶來了巨大變化。其中最重要的是伊斯蘭教和阿拉伯語的傳播。他們把阿拉伯語作為國語推廣普及，並利用政治經濟等各式各樣的手段使當地人信仰伊斯蘭教。八世紀以後，阿拉伯征服者開始在被征服地區強迫人民信奉伊斯蘭教，放棄原來的祆教或佛教。他們摧毀當地的火神廟和佛寺，在其廢墟上建立清真寺。按照阿拉伯人的法律，信仰伊斯蘭教的人可以免繳人頭稅，許多人為了逃避稅收，取得與阿拉伯人平等的地位，而改信了伊斯蘭教。征服者庫泰拔．伊本．穆斯林 (Kutayba ibn Muslim) 規定，星期五去做禮拜的人可以得到獎賞。他還派阿拉伯士兵到當地人家裡，監視他們是否真的信教並進行禮拜。阿拉伯人非常重視在被征服地區修建清真寺。742 年在巴爾赫修建了大清真寺。以後，赫拉特、錫斯坦、喀布爾等地也修建了許多清真寺，伊斯蘭教逐漸普及。七世紀中期開始，伊斯蘭教逐漸分化出許多派別，首先分化出來的是正統派遜尼派和擁護哈里發阿里的什葉派。遜尼派又分為四大派別：哈乃裴派、馬立克派、沙裴儀派和罕百里派。其中哈乃裴派的信徒在阿富汗人中占絕大多數。這一派與其他派別的區別是他們對異教徒比較寬容，且除神法外允許廣泛使用世俗政權的法律。伊斯蘭教中分化出來的第三個派別是瓦哈利吉派。它主張所有穆斯林在社會地位和法律上的平等，反對大土地所有制，認為普通士兵有權平均分配土地和戰利品。這一教派的理論在阿富汗的錫斯坦地區非常流行。就是在這一教派的領導下，錫斯坦地區的人民發動了反對倭馬亞王朝的起義，他們廢除繳納人頭稅的法規，並最終使錫斯坦地區脫離倭馬亞王朝的統治而獨立。

根據阿拉伯人的稅收制度，穆斯林要繳納天課（即宗教稅，以阿拉的名義徵收），主要是富裕的穆斯林的施捨，用於救苦濟貧或維持清真寺的開支。非穆斯林要繳納數額較大的土地稅和人頭稅。阿富汗人不堪忍受阿拉伯人的壓迫，進行了各式各樣的抗議活動。這些抗議活動多是在伊斯蘭各教派的宗教旗幟下進行的。如八世紀呼羅珊和錫斯坦地區的一系列抗議活動，就是在瓦哈利吉派的領導下進行的。八世紀前半期，阿拉伯人中的什葉派、阿拔斯派和呼羅珊人聯合起來，發動了反對倭馬亞王朝的大起義。阿拔斯人宣布為穆斯林和非穆斯林減輕賦稅，順應了阿富汗人民的要求。結果，阿富汗人民積極參加了反倭馬亞王朝的大起義，最終推翻了倭馬亞王朝，使阿拔斯王朝統治了阿拉伯帝國。

阿拔斯王朝的統治在九世紀前期開始衰弱。各地不斷發生反對王朝統治的人民起義，政府雖然經常派大軍鎮壓，但起義之火在這裡撲滅，又在那裡燃起，嚴重地威脅著阿拔斯王朝的統治。這些起義又導致了地方分裂主義傾向的加深。最後，阿拔斯王朝只能在名義上保持著統治，而不得不使各地的獨立王國各行其是。這些獨立王國中與阿富汗有關的有塔希爾王朝（Tahirid Dynasty，820–873 年）、薩法爾王朝（Saffarid Dynasty，867–903 年）、薩曼王朝（Samanid Dynasty，874–999 年）、伽色尼王朝（Ghaznavid Dynasty，977–1186

圖 11：伽色尼王朝時的尖塔

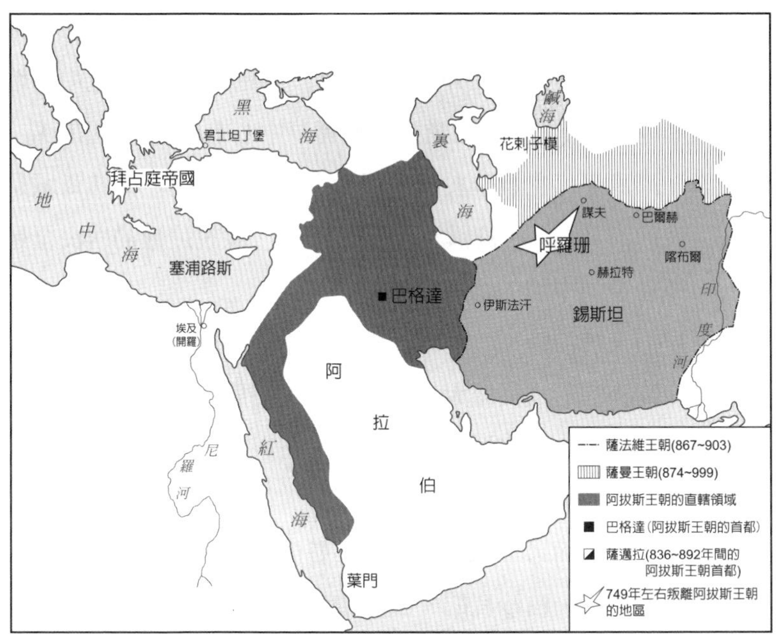

圖 12：八～九世紀的中亞

年)、廓爾王朝 (Ghorid Dynasty，1150–1215 年)。總之，從九世紀到十三世紀，阿富汗歷史的顯著特點是外國侵略者的不斷入侵和不斷的內部紛爭。

阿拉伯人統治時期，阿富汗的經濟有一定的發展。地方統治者採取了發展農業、手工業和商業的各種措施，如水利設施的建設、城市的建設、擴大糧食和各種經濟作物的種植。在農業增長的基礎上，手工業和商業也有了一定的發展，城市也繁榮起來。巴爾赫居住著二十萬人，小城潘傑希爾也有二萬人。許多手工業達到了很高的水平，如織毯手藝、棉織品生產、金銀刺繡的絲織品、金屬製品等。阿富汗在東西方商路的必經之處，商業相當繁榮。許多城市是對內和對外貿易的中心，中國、印度、地中海地區都與其往來。最大的手工業生產和貿易中心有赫拉特、布斯特、喀布爾、沛肯等，它們位於貿易通道上，十分繁榮。如沛肯城是一個巨大的商業中心，被稱為「商賈之城」，據說這裡的居民全是商人，經營著同中國的絲綢貿易。

阿拉伯人統治時期，阿富汗地區發生的另一方面的重要變化就是普什圖族的形成與擴大。普什圖人最初居住在蘇萊曼山區，過著游牧與半游牧的生活，他們的語言在東伊朗方言的基礎上逐漸發展成自己的民族語言——普什圖語。後來一部分普什圖人過渡到定居社會，而另一部分則向蘇萊曼山區以外的地方擴展，占據了伽色尼高原、白沙瓦的一部分和喀布爾地區的個別地方，以後又向坎達哈等地區推進。擴展的過程發生在十一～十三世紀，普什圖人與許多民族發生了接觸與融合，其中對其影響最大的是突厥人，其次亞利安人、塔吉克人、伊朗人的血液都融入了普什圖人的體內。

第三節　蒙古人的入侵：伊兒汗國和庫爾特王國

十三世紀初，蒙古人崛起於漠北高原，在成吉思汗領導下建立了橫跨歐、亞兩洲的大帝國。成吉思汗統一漠北諸部、消滅西遼之後，便與位於阿姆河與錫爾河之間的花剌子模國直接相連。1219 年，成吉思汗指揮二十萬大軍進攻花剌子模，結果花剌子模國王阿拉義丁·穆罕默德和王子札蘭丁在蒙古人的包圍之下越過阿姆河分別向裏海和呼羅珊地區逃竄。成吉思汗便留下窩闊臺、察合臺、朮赤進攻花剌子模舊都烏爾根奇（Urganj，元史稱玉龍杰赤，今土庫曼的基發），又派哲別、速不臺追擊阿拉義丁，他自己和拖雷則在呼羅珊地區與札蘭丁及其他敵對勢力作戰。成吉思汗攻取了赫拉特、巴爾赫、塔里坎（Talikan，位於今阿富汗穆爾加布河上游之北）、哥疾寧（Ghazni，即伽色尼）。蒙古人的侵略遇到了阿富汗人民的頑強抵抗。1226 年，赫拉特起義，殺死蒙古地方官，消滅了在赫拉特的蒙古軍隊，守城達一年之久。1227 年，蒙古人再次攻破此城，該城被洗劫一空，居民被殺殆盡。成吉思汗的外孫在圍攻巴米安時被打死，憤怒的成吉思汗下令不放過任何活著的人，並毀掉了這座城市。蒙古人征服喀布爾和坎達哈之後這兩個城市也遭到了極大的破壞。

圖 13：成吉思汗鐵木真畫像

十三世紀中期，蒙古帝國分裂成幾個名義上仍舊屬於蒙古大汗的國家，統治阿富汗地區的是成吉思汗的孫子旭烈兀(Hulagu)的伊兒汗國　(Ilkhanid Dynasty，1258–1353 年)，其領土包括今日的阿富汗、伊朗、外高加索、伊拉克和小亞細亞東部等地。蒙古人是馬背上的民族，他們並不重視農業。蒙古貴族大量地占有花剌子模和阿富汗的土地，並把軍事采邑變成自己的私有財產，他們並不在這些土地上耕種，而是放牧。他們殘酷地剝削當地農民，徵收高額賦稅，導致了農民和手工業者的大量逃亡。許多農田進一步變成了蒙古人的牧場。這就使當地的生產力遭受了極大的破壞。到十三世紀末，可耕地被縮小到原來的 10% 左右。

後來蒙古人認識到了這種錯誤，開始重視農業，興修水利，並採取發展農業、手工業和商業的措施。伊兒汗國的土地分為國家土地、皇室土地、貴族私人土地、寺院的宗教瓦克夫、封建采邑等。游牧部落的牧場法律上屬於整個部落，實際上歸部落上層支配。還有極少部分土地屬於農業公社和農民所有。國有土地的收入或者由國家機構徵收，或者由包稅人徵收，用於國家的軍事與行政支出。私人貴族和農民的土地要繳納賦稅，用於軍馬糧草的開支以及供養官吏。當地的百姓還有提供勞役和為軍隊提供宿營的義務。

圖 14：巴米安僅存的城牆遺蹟　成吉思汗屠城處就在附近。

保留下來的地方貴族總是設法加強自己的地位，並熱衷於地方分權。在阿富汗地區的地方王朝——庫爾特王國（1245–1381

年）就是典型。阿富汗貴族沙姆思·金·庫爾特（1245–1278 年）曾參加了蒙古軍隊對印度的遠征，而且支持蒙古人鞏固統治的鬥爭。結果蒙古人便將阿富汗地區一系列城市和地方的管理權交給他。他統治著蘇萊曼山區以及赫爾曼德河與印度河上游之間所有居住阿富汗人的地區。但並不是所有的阿富汗人都服從庫爾特王朝的統治，庫爾特人用了幾年的時間才征服了伽色尼等地的阿富汗部落。庫爾特王朝的稅收非常繁重，加上稅吏的層層盤剝，百姓上交的稅額往往是應交的十倍到二十倍。農民聽到稅吏到來，往往舉家出逃，全村皆空。這種現象在十三世紀末到十四世紀初的庫爾特王朝非常普遍。

庫爾特王朝的都城在赫拉特，它是伊兒汗國的屬國，伊兒汗國派官員對其監督。統治者信仰伊斯蘭教的馬立克派。在庫爾特王國的區域內，居住著廓爾人、阿富汗人、塔吉克人，當然還有蒙古人。庫爾特王朝與其宗主國伊兒汗國的矛盾非常深，有時甚至發展為軍事衝突，多次沉重打擊了蒙古人派來的軍隊，拒絕向伊兒汗國交賦納貢。庫爾特王朝的統治者大力提倡伊斯蘭教，到處修建清真寺，向窮人發放施捨，向托缽僧捐贈財物。他們還極力維護伊斯蘭教的原則，下令禁酒，禁止放蕩生活，違者被處以很重的刑罰。

伊兒汗國當然不允許庫爾特王朝有獨立傾向，多次發兵進攻赫拉特。1270 年，旭烈兀的兒子阿克巴汗命令赫拉特城內的所有居民全部遷出；1298 年奧爾杰汗圍攻赫拉特，將周圍地區洗劫一空；1306 年和 1338 年，赫拉特又兩次被蒙古人圍攻。經過多次戰亂，赫拉特城遭到嚴重破壞，周圍地區變成一片廢墟，經濟發展遭受嚴重破壞。但頑固的赫拉特人不但抵抗了蒙古人的入侵，而且重建了赫拉特城，使位於商業要道上的這座古城重新繁榮起來。

十四世紀中期，伊兒汗國衰弱，庫爾特人加強了與中亞的帖木兒王朝的聯繫，以便利用這種關係與伊兒汗國對抗。但帖木兒要求庫爾特王朝臣服於他，遭到拒絕後遂兵戎相見。1381 年，庫爾特王朝被帖木兒王朝滅亡。

第四節　蒙古人的餘波：帖木兒帝國

帖木兒 (Timur) 出生於撒馬爾汗以南的渴石（今烏茲別克的沙赫裏夏勃茲），其家族屬於信仰伊斯蘭教，並已突厥化的蒙古察合臺汗國巴魯剌思部。帖木兒出生時，察合臺汗國已經分裂為東西兩部，巴魯剌思部屬於位居河中地區的西察合臺。帖木兒年輕時做過千戶長、渴石總督和河中總督的參贊。河中地區戰亂紛起時，帖木兒騎在馬背上多年漂蕩，集起了一支軍隊。1370 年，他攻占撒馬爾汗，奪取河中地區的最高統治權，自立為蘇丹。帖木兒雖然目不識丁，卻能和一流的伊斯蘭學者談論宗教教義和宗教歷史。

帖木兒在河中地區站穩腳跟後，自稱是成吉思汗的後繼者，開始了對周圍四面八方的武力擴張。他先後向伊朗、外高加索、小亞細亞、窩瓦河流域、西伯利亞、天山地區、花剌子模、阿富汗、印度西北進行了多次遠征。1370 年，帖木兒攻占巴爾赫（巴里黑)，標誌著他對阿富汗地區的一系列征服戰爭的開始。1381 年，帖木兒的軍隊圍攻赫拉特，該城久攻不下，帖木兒採取誘降的辦法，使該城軍民停止了抵抗。帖木兒大軍進入該城後，拆掉了鐵城門和所有城牆，禁止重建，並將城中許多貴族和宗教領袖遷往帖木兒的故鄉渴石。1383 年，赫拉特的居民發動了反對帖木兒的起義，起義者放起大火，向帖木兒的衛戍部隊發起進攻，結果被帖木兒的兒子米蘭沙鎮壓。接著整個廓爾地區、布斯特、坎達哈、喀布爾相繼被征服，阿富汗人進行了頑強抵抗，戰鬥非常慘烈，雙方屍體成山。整個阿富汗地區被踩在了帖木兒的鐵蹄之下。1398 年，帖木兒對印度進行征戰，阿富汗人居住的白沙瓦、巴加烏爾、斯瓦特等地區相繼被占領。帖木兒任命自己的孫子皮兒為興都庫什山與印度河之間地區的統治者，並指派他的兒子沙哈魯 (Shah Rukh) 為呼羅珊、錫斯坦、廓爾、馬贊德蘭 (Mazanderan) 的統治者。

圖 15：帖木兒汗畫像

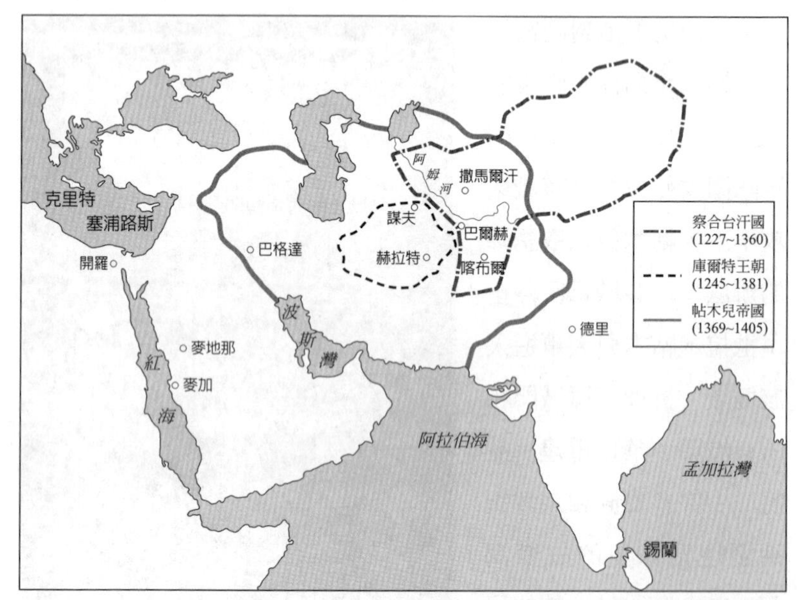

圖 16：帖木兒帝國疆域（十四世紀）

帖木兒統治時期，普什圖人的社會生活發生了巨大變化。從蒙古人入侵以來，阿富汗地區就一直處在戰爭的蹂躪之下，幾乎沒有出現過多少和平時光，結果是生產力遭受到巨大的破壞，許多良田變成了荒無人煙的地帶。而這種情況卻大大有利於游牧的普什圖人的遷徙，他們的游牧範圍得到空前的擴大。他們非常順利地占領了伽色尼地區、赫爾曼德河谷地、喀布爾河谷地、庫納爾河谷地等。有趣的是，許多游牧的普什圖人把他們的牲畜趕到農耕地帶以後，開始逐漸地過著農耕定居生活，放棄了游牧。普什圖人由游牧向農耕過渡發生在十三到十四世紀。也有一些普什圖人專門從事商業過境貿易。這一過程中，普什圖人原有的部落

圖 17：位於撒馬爾汗的帖木兒陵廟

氏族關係紐帶被逐漸打破，開始向新的地域型的民族關係邁進。

1405 年，也就是在對中國發動侵略戰爭的第二年，帖木兒死去，他的第四個兒子沙哈魯占據了帖木兒帝國的所有領土，定都赫拉特，並將帝國的許多地區作為采邑分封給王子們。在沙哈魯統治期間（1405–1447 年），帝國沒有進行過大規模的戰爭，經濟繁榮，商業興盛，農業發達。首都赫拉特是繁榮的商業中心。沙哈魯於 1447 年死後，帝國又陷入內訌的暴亂之中，沙哈魯的兒子們相繼進行了短暫的統治，期間帝國經常遭受烏茲別克人等外敵的入侵。到帖木兒帝國的最後一位國王侯塞因．貝卡拉（Husein Baykara，1468–1506 年）時，帝國又一度中興，再次出現了繁榮局面。

帖木兒帝國與四面八方都有著世界性的交往。據《明史．西域傳》記載，帖木兒曾於 1387 年、1392 年、1394 年多次派遣使節出使明朝，貢獻馬匹、駱駝和其他方物，明朝回贈豐厚。說明兩國存在著密切的貿易朝貢關係。1395 年，明成祖派傅安、郭驥出使撒馬爾汗，他們還在那裡遇到了西班牙的使節，1407 年始還。明成祖繼位後，又多次派使節出使撒馬爾汗和赫拉特，其中陳誠等人出使次數最多，行程最遠到達赫拉特。歸國後陳誠著有《西域行程記》和《西域番國志》。《西域番國志》對赫拉特的風土人情和社會生活有過生動的描述。當時赫拉特城舉行七日一次的集市貿易，當地人稱為「把咱爾」；居民不奉祖宗、不祭鬼神，喪葬不用棺材，多在墳上築高室；婚姻方面，多以姐妹為妻妾，兄弟姐妹之間也通婚，這是原始社會的遺風；住房大都是平頂方形，門扉雕刻花紋，室內鋪有地毯；衣服崇尚白色，吃飯時席地而坐、以手取食。與中國發生聯繫的城市，還有巴里黑、坎達哈、伽色尼、喀布爾等。帖木兒王朝還向印度、莫斯科公國派出過使臣，世界各國的使臣也到這裡來。當時帖木兒王朝與世界各國進行的貿易中，輸入的主要是奢侈品、瓷器、布料，輸往近東和歐洲的主要是紅寶石、黃玉、天青石、綠松石，輸往中國的主要有馬匹、駱駝等，輸往印度的商品是伽色尼的蘋果、茜草。

封建制度在帖木兒王朝有很大的發展。大量的土地作為采邑被分封給王室宗親和立有戰功的大臣，采邑面積大小不等，大至一個行政區，小到一個村莊。大的采邑主往往將土地再分給小的采邑主，進行再分封。封建主們在自己的土地上往往有自己的軍隊，他們有時就用這支軍隊征戰，擴大自己的領地。如喀布爾的統治者阿里汗就在他占領的旁遮普的幾個地區單獨徵稅。許多封建主享有免稅權，宗教瓦克夫和上層的宗教領袖的土地也享有免稅權。而帝國沉重的賦稅負擔則落到了小土地所有者和廣大人民身上。帖木兒王朝的稅收有土地稅、人頭稅、園藝稅等。另外，為了修建水渠、宮殿等各式各樣的政府工程，人民還要提供大量的勞役。

沉重的賦稅徭役、封建主和各級官員貪得無厭的盤剝，迫使人民不斷起來反抗，各地人民起義不斷。這些起義多是在宗教旗幟的號召下進行的。人民起義的頻繁發生導致封建主和部落首領獨立傾向的增加，有些人甚至要竭力爭取完全的獨立。最強大的地方政權是蘇丹．侯塞因，他統治著巴里黑、謀夫、阿比維爾德，蒙古人阿爾貢則統治著廓爾、錫斯坦、扎希里斯坦、喀布爾、坎達哈。帖木兒王朝的王子們也都擁兵自重，展開爭奪。十六世紀上半葉，伊朗的薩法維王朝 (Safawid or Safavid Dynasty)、印度的蒙兀兒王朝 (Mughal or Mogul Dynasty) 、 還有烏茲別克人紛紛入侵帖木兒帝國，帝國首都赫拉特幾易其手。就是在這樣的混戰中，帖木兒帝國滅亡了。

第 II 篇

近代篇

第三章 *Chapter 3*

阿富汗民族國家的形成

第一節　民族意識的萌芽：蒙兀兒王朝和薩法維王朝統治下的阿富汗

十六～十八世紀，阿富汗處在印度蒙兀兒王朝和伊朗薩法維王朝的占領和爭奪之下。也就是在這一時期，阿富汗普什圖人的社會生活發生了巨大變化，以血緣為紐帶的氏族部落關係進一步解體，以地域關係為特徵的民族正在形成，民族意識開始出現，從而為民族國家的誕生創造了基礎。

圖 18：建立蒙兀兒帝國的巴布爾

十六世紀初，帖木兒帝

圖 19：1526 年巴布爾大敗羅第王朝

國被其子孫和部將分割。統治塔什干一帶的是帖木兒的六世孫巴布爾（Babur the Tiger，1482–1530 年），他被烏茲別克人逐出塔什干，只好率軍隊南下阿富汗，占領了喀布爾和伽色尼城等地。巴布爾是一個成熟的政治家和軍事家，有很高的文化修養，一生都在征戰中度過。1504 年，巴布爾組織了一次向中亞的反撲，沒有成功，於是乘南亞次大陸混亂之機，又向印度挺進。巴布爾的軍隊使用槍炮，經過反覆較量，終於戰勝四倍於己的敵人。1526 年，在德里北方的帕尼帕特打敗羅第王朝，殲滅全部敵軍，打死蘇丹，占領了德里。後又經過多年征戰，逐漸統一了次大陸的北部地區，建立了蒙兀兒帝國（1526–1858 年）。蒙兀兒帝國的疆域不僅包括印度北部和孟加拉，而且包括阿富汗的錫斯坦、坎達哈、伽色尼、喀布爾、赫拉特等地區。巴布爾統治德里四年後去世，長子胡馬雍（Humayun，1530–1556 年）即位，國內大亂。比哈爾總督舍爾汗起兵反叛，將胡馬雍趕出德里。胡馬雍逃往伊朗，在薩法維王朝的幫助下攻

圖 20：蒙兀兒帝國疆域（十七世紀）

占了喀布爾和坎達哈，1555 年，奪回了德里，恢復了蒙兀兒王朝的統治。

雖然薩法維王朝幫助過蒙兀兒王朝，但兩個帝國卻在阿富汗進行了激烈的爭奪。坎達哈在兩個王朝之間數次易手。1649 年，薩法維王朝奪取坎達哈。阿富汗的普什圖人時而支持蒙兀兒王朝，時而支持薩法維王朝。就是在這種不斷的戰爭中，普什圖人擴大

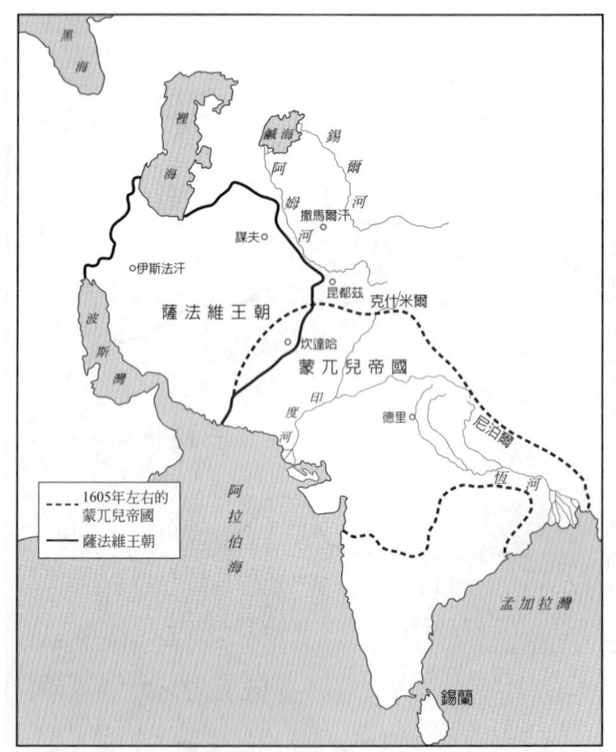

圖 21：蒙兀兒帝國與薩法維王朝（十七世紀）

了自己的武裝，加強了自己的力量，建立了地域性的部落聯盟，同時也掠奪了大量的土地，在內部以戰功的大小進行分配。

部落聯合的思想是阿富汗民族意識萌芽的重要表現。這種思想在十七世紀末和十八世紀初普什圖人在阿富汗各地舉行的一系列起義中充分地表現出來。

首先是哈塔克部落的起義。哈塔克部落位於印度河和白沙瓦之間的交通要道上，控制著印度河的渡口和開伯爾山口的通道。

哈塔克部落曾為蒙兀兒王朝守護公路，而得到了印度河過境稅的權利。哈塔克人由於參加過蒙兀兒王朝的征戰，因而被賞賜了大量的封地。普什圖各部落與蒙兀兒王朝的關係時而緊張，甚至發生激烈的衝突。沙杰汗（Shah Jahan，1627–1658 年）收回了哈塔克人的封地，奧朗則布（Awrangzeb，1658–1707 年）時，政府又廢除了哈塔克人在印度河徵收過境稅的權利，導致哈塔克人與蒙兀兒王朝的關係緊張。哈塔克人的首領胡什哈爾準備發動反對蒙兀兒王朝的起義。他用了多年的時間說服阿富汗各部落聯合起來，共同反對蒙兀兒王朝的統治。1672 年，哈塔克部落和薩非部落等聯盟舉行了起義，打敗了蒙兀兒王朝的軍隊。1673 年，部落聯盟進一步擴大，占領了諾什拉堡，三次擊敗了奧朗則布派來的軍隊。在胡什哈爾的領導下，從白沙瓦到坎達哈的廣闊土地上的許多部落都參加到起義隊伍之中。最後，奧朗則布在收買了一些部落首領，分裂了部落聯盟之後，才於 1683 年鎮壓了起義。

阿富汗人進行反對蒙兀兒王朝統治的同時，也有許多部落展開了反對薩法維王朝的鬥爭。薩法維王朝統治下的阿富汗各部落，負擔非常沉重。尤其是坎達哈地區，賦稅負擔越來越多，而且薩法維王朝還對阿富汗人實行民族歧視和宗教迫害政策。坎達哈城內居住著吉里查依阿富汗人，其首領是米爾．瓦依斯。1708 年，瓦依斯召集坎達哈地區的所有部落領袖參加會議，共同研究起義事宜。隔年 4 月，各部落同時起事，起義者殺死了薩法維王朝的總督古爾金汗，占領了坎達哈，以後又多次打敗波斯人的軍隊，並在坎達哈建立了阿富汗人自己的政權。1722 年，瓦依斯的兒子米爾．馬穆德率軍進攻波斯首都伊斯法汗，滅亡了薩法維王朝。從 1722 年到 1730 年，馬穆德實際上是波斯的統治者。1738 年，在阿布達里人的幫助下，突厥人後來又是波斯皇帝的納第爾 (Nadir Shah) 的軍隊攻占了坎達哈。在坎達哈的阿富汗人起義的同時，赫拉特地區的阿富汗阿布達里人也舉行了反對波斯王朝的起義，起義的領導者是阿布杜勒．薩多查依。起義者最後奪取了赫拉特及其周圍的許多地區，建立了阿布達里人的赫拉特王國。

阿富汗各部落聯盟建立的這兩個阿富汗人的獨立王國，當然稱不上是阿富汗人的民族國家，但阿富汗人舉行的一系列起義和這兩個國家的建立，卻標誌著阿富汗人向民族的形成和民族國家的誕生邁出了重要一步。這一時期，阿富汗人開始打破氏族部落的界限，走向了更大範圍內的部落聯盟，這就為以後民族國家的形成準備了基礎。

圖 22：波斯王納第爾像

在納第爾統治波斯和阿富汗時期 (1736–1747 年)，阿富汗再一次向民族國家的形成邁進了一大步。納第爾原是呼羅珊北部的一支突厥人的部落首領，1729 年，他率兩萬大軍進攻赫拉特，雖然遇到了頑強抵抗，但最終拿下了赫拉特並血洗該城。很快他揮師進軍伊斯法汗，打死了馬穆德之子阿什拉夫。1731

年，赫拉特的阿富汗人起義，占領了該城和周圍地區。納第爾回師鎮壓，兵臨赫拉特城下。阿布達里人請求吉里查依人的援助，吉里查依人派三千人前來增援 。 赫拉特保衛戰進行了十個月 。1732 年 3 月，雙方議和。納第爾的軍隊進入赫拉特後將大多數阿布達里人趕出該城，收編了阿布達里人的騎兵，任命呼羅珊人為赫拉特總督。1736 年，納第爾成為波斯國王。1736 年底，他開始進攻坎達哈，1738 年 2 月攻下坎達哈。雖然赫拉特和坎達哈被占領，但阿富汗各部落的起義卻一直沒有停止過。在這些起義的過程中，阿富汗各部落的聯合進一步加強，聯合的範圍也進一步擴大。可以說，這些起義進一步推動了阿富汗民族的形成和阿富汗民族國家的建立。

第二節　阿赫馬德加冕：民族國家的誕生

1747 年，不同部落的普什圖人雲集坎達哈，召開部落酋長和宗教領袖會議，討論建立阿富汗人自己的國家的問題。會議在推選最高領袖時，各部落首領發生了嚴重的分歧與激烈的爭吵。最後在托缽僧沙比爾沙的提議下，會議推選阿赫馬德（Ahmad Shah Durrani，1722–1772 年）為新建的阿富汗國家的國王。當時，沙比爾沙從地裡拔起一把麥苗，塞進阿赫馬德的頭巾裡說：「這就權當你的王冠。」他還說阿赫馬德是「時代的珍珠」、「珍珠中的珍珠」。通過簡單的加冕儀式，阿富汗的第一個民族國家——杜蘭尼（Durrani，即珍珠之意）王朝誕生了。

阿赫馬德於 1722 年出生於阿布達里部落的薩多查依氏族，其父是部落首領。他所在的氏族長期生活在坎達哈地區。1738 年，納第爾占領坎達哈後，薩多查依氏族便處在納第爾王朝的統治之下。阿赫馬德和許多阿富汗人一樣，被納第爾徵召入伍，此後他便跟隨納第爾東征西戰，很快被提升為阿富汗軍團的指揮官。被推選為杜蘭尼王朝國王之後，阿赫馬德首先建立了國家機構，任命了首相、將軍、總司令等，各個部落首領都擔任了政府的重要職務。

阿赫馬德的一生主要是騎在戰馬上為獨立的阿富汗民族國家四處征戰。杜蘭尼王朝首先攻占了坎達哈，並把這裡作為首都。隨後阿赫馬德便帥師東進，很快拿下伽色尼、喀布爾和白沙瓦。阿富汗軍隊所到之處，受到普什圖人民的熱烈歡迎。到 1747 年底，從坎達哈到白沙瓦的廣大地區都擺脫了外族統治，納入了阿富汗國家的版圖。波斯和印度的蒙兀兒王朝嚴重地威脅著新建立的阿富汗國家的存在。1748 年，阿赫馬德兩次發動對蒙兀兒王朝的戰爭，最終取得勝利。1749 年初，蒙兀兒王朝被迫與阿赫馬德訂立停戰條約，根據條約，印度河以西的所有土地都併入阿富汗國家的版圖。1749 年春，阿赫馬德回師向東攻打赫拉特。這時，納第爾的孫子沙赫．魯黑統治著包括赫拉特在內的呼羅珊地區。赫拉特的戰鬥進行得非常艱苦，但圍攻數月後，阿赫馬德的軍隊終於占領了赫拉特。接著他又指揮軍隊包圍了馬什哈德，迫使在那裡的沙赫．魯黑投降。阿赫馬德允許他作為阿富汗的附屬繼續統治呼羅珊。1751 年，阿富汗軍隊攻克了內沙布爾，並在城內進行了劫掠。阿赫馬德確立了自己對呼羅珊的主權，使這一地區從波斯分離出來，成為阿富汗的領土。之後，阿赫馬德又向北推進，征服了直到阿姆河的廣大地區。經過這些戰爭，杜蘭尼王朝的疆域已經和今日的阿富汗相當了。

收復了普什圖人的土地之後，阿赫馬德又多次發動了對印度的戰爭，意在擴大阿富汗的領土，加強阿富汗的國力，劫掠印度的財富。阿赫馬德的一生幾乎是騎在馬背上度過的。阿赫馬德建立的國家具有明顯的軍事民主的特點，政府組織幾乎完全是軍事機構，政府的主要官員都是將軍，國王經常率軍出征，宰相也要領兵打仗，國家的一切部門都要為戰爭服務，一切機構都要圍繞戰爭旋轉。在杜蘭尼王朝中，國王是中央政府的核心，他既是政府首腦，也是國家元首，又是武裝力量的最高指揮。國王之下設宰相，作為國王處理行政事務的助手，負責監督國王命令的執行情況，管理政府各部。宰相之下設有三個重要的部門，即財政、司法和宰相的辦公部——王室祕書處。國家的軍事機構非常龐大。最高軍事長官為總司令，他實際上是國防大臣，負責組織、訓練軍隊，另外他還要率軍出征，指揮作戰。正規軍大部分駐紮在坎達哈。軍隊組織嚴密、力量強大。阿赫馬德利用國王的權力，嚴格控制著總司令和其他將軍們的權力和行動，總司令和將軍們都無權進行獨立活動。議事會是國家的重要機構，它由九個部落的首領組成，終身任職，在許多重要問題上幫國王出謀畫策，幫助國王治理國家。阿赫馬德對議事會非常尊重，經常採納他們的建議。

阿富汗的地方政府為省，各省由總督治理。總督一般由中央政府任命，但他大權獨攬，通過任命親信、網羅心腹，形成強大的地方集團，實際上處於獨立狀態，中央政府許多時候往往鞭長莫及。中央政府只有通過動用駐在省城的軍隊，才能對總督施加壓力。但有時候，阿赫馬德任命王室成員擔任總督，這時總督也兼任當地駐軍的指揮官，總督便將政權與軍權集於一身，國王對他無可奈何。一般情況下，只要總督們能夠維持地方治安，能夠按時給中央政府上繳稅收，阿赫馬德便感到非常滿足。

阿富汗社會最基本的社會組織是部落，部落遍及阿富汗的所有地區。部落不僅是生產單位，也是行政組織。部落的統治者是部落首領，其最重要的機構是部落議事會。隨著社會的發展，議事會的作用日益減少，部落首領的選舉制逐漸被世襲制代替，部落內部發生了嚴重的貧富分化。阿富汗國家產生後，部落首領實際上成了國家的一級行政官員，他代理政府在部落中收稅，治理整個部落。各部落同政府的關係非常鬆散。各部落一般都要承擔一定的賦稅，但有些部落卻不願承擔這項義務。由於地理環境的限制，一些部落一直處於獨立或半獨立的狀態。這種現象妨礙了阿富汗國家的鞏固。

阿赫馬德對不同的地區採取不同的政策。呼羅珊和卡拉特是阿富汗的進貢國。印度河以東的地區，阿富汗人無力治理，只能作為劫掠的地區。阿赫馬德只是把印度河以西的地區作為他的直轄地。印度河以西的地區分為阿富汗人居住區和被征服區兩種，在阿富汗人居住區，阿赫馬德的統治要依賴各個部落首領的支持，因而他沒有直接的統治權，他在被征服地區則握有全部統治權。

第三節　杜蘭尼王朝的衰落

杜蘭尼王朝是一個軍事封建國家，龐大的軍隊和它進行的戰爭是這個國家得以存在的理由。杜蘭尼王朝的整個國家機構都是為不斷進行的戰爭設置和服務的，不斷地進行戰爭維護著國家機器的有效運轉，維護著國王和中央政府的權威。阿富汗國家實際上就是靠軍事力量聯結起來的一個政治共同體。對外擴張的勝利可以為杜蘭尼王朝帶來豐厚的戰利品，國王可以用這些戰利品維持一支強大的軍隊，也可以分給將軍們以增加他們的忠心和戰鬥力。一旦對外擴張停止或者失敗，整個國家機器就會受到影響，國內的各式各樣的固有矛盾也會激化，中央政府與各地本來薄弱的聯繫就會進一步被削弱，整個王朝的政治也會因此衰落下去。

阿富汗建國初期，其軍隊可以說是每戰必勝。但在 1762 年遭到錫克人 (the Sikhs) 之後，對外戰爭的態勢發生了不利於阿富汗人的變化。錫克人擅長游擊戰，使阿富汗人好像鑽進了一張衝不破的大網，無法取勝。阿富汗人在同錫克人的戰爭中，只是損兵折將，久久不能取勝，而阿富汗的經濟不允許它糾纏於這種無休止的戰爭。阿赫馬德只好退兵。最後，阿富汗人完全被錫克人趕出了旁遮普。對外戰爭的失利使阿富汗人再也劫掠不到豐厚的戰利品，將軍和士兵得不到賞賜，軍心渙散，戰鬥力大為削弱。

對外戰爭的失利又激化了國內矛盾。總督和國王的衝突一天比一天嚴重，各省總督的獨立傾向越來越大，總督叛亂屢見不鮮。

平時，懷有異心的總督不敢貿然行事，因為政府大軍駐在國內。國王遠征邊遠地區時，國內空虛，總督便乘機起事，幾乎每一次國王離開坎達哈，國內就會出現推翻他的陰謀。阿赫馬德在對外戰爭中的失敗總是直接引發國內的叛亂。叛亂的多少取決於中央政府的實力，中央政府的力量強大時，總督們便不敢輕舉妄動，中央政府虛弱時，地方叛亂就頻繁發生。俾路支、呼羅珊、白沙瓦等地都曾宣布脫離中央而獨立。阿赫馬德的兒子繼位後，阿富汗國力衰弱，叛亂更成為家常便飯。一系列叛亂的發生引起了嚴重的災難性的後果。國王將精力全部放在對叛亂的鎮壓方面，無暇顧及其他地區，總督們就乘機發展自己的勢力，擴大自己的兵力。這樣一地的叛亂剛被鎮壓，另一地的叛亂又起，對外戰爭的失利更是加強了地方總督的離心傾向，這一系列叛亂推動著阿富汗國家走上下坡路。

除了總督們的叛亂，部落首領的桀驁不服也嚴重地削弱著阿富汗國家的政權。部落首領們將阿赫馬德推上了阿富汗的王位，但許多部落首領內心並不承認新國王有管轄他們的權力，許多部落在阿富汗國家建立後仍然處於獨立狀態，許多部落貴族試圖同國王平分天下，或取而代之。1749 年初，幾個部落首領密謀暗殺阿赫馬德，陰謀敗露。阿赫馬德處死了這幾個部落首領。1761 年，阿赫馬德在帕尼帕特遠征時，國內發生了托爾加拉尼部落叛亂、及阿布杜爾．卡尼克汗（國王的侄子）的叛亂，他們都曾宣布自己是阿富汗國王，都曾占領坎達哈。後來阿富汗大軍急馳坎達哈，徹底平息了這兩起叛亂。部落首領的叛亂比起總督們的叛亂來，後果要嚴重得多。總督的目的一般是獨立，而部落首領則要奪取全國的統治權。在處理叛亂者時，殺死總督或將他們撤職，都不會引起太大的問題；但殺掉一個部落首領就會播下仇恨的種子，因為部落中存在著血緣關係，血親復仇還是許多部落成員的義務。因此，阿赫馬德雖然恨透了許多叛亂的部落首領，卻不得不經常原諒他們。

圖 23：阿赫馬德之墓

連年的征戰損壞了阿赫馬德的健康。1770 年，他開始臥病在床。他的鼻子上端潰爛，寄生著許多蛆蟲，他一張嘴，蛆就掉進嘴裡。1772 年 10 月 23 日，阿赫馬德去世，遺體安放在坎達哈西面一座宏偉的陵墓中。阿赫馬德統治後期，杜蘭尼王朝就失去了強勁的擴張力量，到他兒子帖木兒時，甚至無法維持阿富汗的版圖，呼羅珊、錫斯坦、巴爾赫、信德、克什米爾相繼脫離了阿富汗。帖木兒死後，阿富汗便在王子們的內戰中土崩瓦解了，阿富汗國家又重新分裂為獨立的、各有自己部落首領的、相互之間干戈不息的部落。

杜蘭尼王朝建立之前，阿富汗人從來沒有建立過自己的國家，阿富汗的歷史是異族人不斷入侵、掠奪和統治的歷史，阿富汗人是異族的臣民。杜蘭尼王朝是阿富汗歷史上第一個阿富汗人自己的民族政權，它把所有的阿富汗人聯合在一個國家之內。在杜蘭尼王朝之前，阿富汗人只有部落和氏族認同，而沒有民族認同，更不用說國家認同了。自杜蘭尼王朝建立之後，他們的民族意識有了很大的發展，不論哪個部落的阿富汗人，都開始認識到他們是共同的阿富汗人，普什圖民族完全形成了。由於阿赫馬德對阿富汗民族做出的傑出貢獻，被稱為阿富汗之父。

第四節　鬩牆之爭：杜蘭尼王朝的分崩離析

杜蘭尼王朝是在部落和總督叛亂、以及王子們的爭鬥中分崩離析的。在這種鬥爭中，總督和部落首領的利益達成一致，貴族支持總督，總督領導貴族。王位的繼承沒有定制，只要國王一死，就會圍繞王位繼承問題發生一場血戰，同胞兄弟就會變成不共戴天的仇敵，阿富汗政治舞臺上就會出現骨肉相殘的局面。

阿富汗是伊斯蘭國家，沒有形成嚴格的王位繼承制度，伊斯蘭教規定，國王要挑選有才能的人來擔任，阿富汗社會的部落遺風更要求如此，阿赫馬德就是通過部落首領的推舉當上國王的。杜蘭尼王朝建立後，國王成為世襲制，但上述傾向卻仍然嚴重地影響著阿富汗的王位繼承問題。有時國王指定了繼承人，有勢力的封建貴族也可以拒絕承認，王位只好在貴族與王子們的陰謀與爭鬥中做決定。阿富汗盛行多妻制，國王更是妻妾成群。這樣做的結果自然是王子眾多。帖木兒有二十三個兒子和許多女兒。阿富汗國王的這些妻子中，有許多是由於政治原因而結合的，例如，阿赫馬德為了安撫部落首領，同部落首領馬立克 (Malik) 的女兒結了婚；攻占內沙布爾後，同總督庫里汗的女兒結婚，他的女兒嫁給了這位總督的長子；帖木兒則娶了蒙兀兒皇帝阿拉姆吉爾二世的女兒，還與俾路支的統治者納昔爾汗的女兒結成婚姻。這樣，王子們就會因其母親或妻子的關係，同一定的政治勢力相聯繫，他們或以政府的高官顯貴為靠山，或以部落首領為其後盾。於是圍繞王子們形成了各式各樣的政治集團。部落首領也根據自己的利益，找到自己的主子。國王的死亡等於宣布了王位爭奪戰爭的開始，全國便陷入干戈不息的無政府狀態。

王子們之間最早進行爭奪的是阿赫馬德的兩個兒子蘇萊曼和帖木兒。蘇萊曼是坎達哈的總督，帖木兒是赫拉特的總督，兩人在阿赫馬德在世時就展開了各式各樣的明爭暗鬥。1772 年，阿赫馬德病逝，蘇萊曼先在坎達哈稱王。帖木兒便率軍進攻坎達哈，蘇萊曼失敗逃走，支持蘇萊曼的部落首領被處死。但帖木兒無法彌合與坎達哈人的裂痕，只好把首都遷到喀布爾。1793 年帖木兒死後，他的兒子們之間發生了更為激烈的鬥爭，喀布爾血流成河，直到 1818 年，阿富汗一直是帖木兒的兒子們之間發生令人恐怖的衝突的舞臺。在這場鬥爭中，以坎達哈總督胡馬雍、赫拉特總督馬穆德和喀布爾總督查曼三人的力量最強。最後，在巴拉克查依部落首領帕恩達汗的支持下，查曼登上了王位。胡馬雍兵敗被俘且被挖掉了雙眼，馬穆德逃往波斯。查曼後來與巴拉克查依人的矛盾加深，他們曾密謀罷黜查曼。帕恩達汗的長子法什汗跑到波斯，慫恿馬穆德進攻查曼，他們很快攻下了坎達哈和喀布爾。查曼被俘，挖去雙眼，後來他逃到印度，在英國人的庇護下又生活了五十年。1800 年馬穆德登上王位，1803 年，他又被宗教上層和部落首領發動的叛亂推翻，他的同胞兄弟叔佳（Shah Shuja，1785–1842 年）被擁上王位。叔佳的統治同樣不穩，一直處在貴族叛亂的威脅之中。1809 年，馬穆德和法什汗的軍隊打敗了叔佳的軍隊，占領了喀布爾，叔佳逃到印度，馬穆德再次登上王位。

馬穆德雖是國王，其實他只是巴拉克查依家族的傀儡，這時阿富汗的實際統治者是巴拉克查依家族。法什汗是宰相，他的二十個兄弟則分別是全國二十個省的總督。馬穆德對巴拉克查依家族的飛揚跋扈不滿，一直在尋找時機削弱他們的勢力，以便獨攬大權。1818 年，馬穆德派其子卡木倫到赫拉特逮捕了法什汗，並挖掉了他的雙眼。這激起了巴拉克查依家族的憤怒，他們在全國範圍內發動了反對馬穆德的戰爭。馬穆德和他的兒子卡木倫被趕到赫拉特一隅。1829 年，馬穆德死。1842 年，卡木倫被他的宰相殺死，杜蘭尼王朝最後完結。之後，巴拉克查依家族的兄弟們成為阿富汗的實際統治者，而杜蘭尼王朝的一些附屬國則紛紛獨立，阿富汗再度四分五裂。

第四章 | *Chapter 4*

英國人的入侵與阿富汗人民的反抗

第一節　英國人對阿富汗的征服

巴拉克查依兄弟之間相互勾心鬥角，他們不願意讓任何一個兄弟占據阿富汗的王位。這些兄弟當中，先是阿茲姆勢力最大，阿茲姆死後，他最小的弟弟多斯特・穆罕默德（Dost Mohammed，1793–1863 年）利用自己同克澤爾巴什人的親屬關係，迅速擴大了自己的力量和影響，擊敗了對手也是兄弟的白沙瓦總督蘇丹・穆罕默德，成為喀布爾、伽色尼和賈拉拉巴德的統治者。1837 年，他在喀布爾加冕，但他沒有使用國王的稱號，而是冠上了「埃米爾」(Amir) 的稱號。

多斯特成為阿富汗的統治者時，四分五裂的阿富汗正面臨著嚴重的外部威脅，其中最直接的威脅是錫克人，而錫克人的威脅又與英國勢力的滲透交織在一起。十九世紀初，英國和法國在東方展開了爭奪，按照拿破崙的設想，法國將借道波斯和阿富汗直

圖 24：多斯特・穆罕默德畫像

接打入印度，奪取英國在印度的勢力範圍。為了印度的安全，1806 年 3 月，英國人先同波斯簽訂了一項防止法國入侵的條約；1809 年 4 月，英國人與錫克人簽訂了同盟條約；6 月，又在白沙瓦與阿富汗國王叔佳簽訂聯合防禦條約，阿富汗答應反對法國入侵印度，一旦出現這種情況，英國將向阿富汗提供一切援助。但這個條約簽訂後不久，叔佳就被推翻了。滑鐵盧戰役宣告了英、法在東方競爭的結束。但很快的，俄國勢力又滲透到波斯和阿富汗，對英屬印度形成新的威脅。面對俄國的攻勢，英國人首先與錫克人結成同盟，以借助他們的力量抵禦外來進攻。英國人還打算在阿富汗建立一個親英政府，作為抵禦俄國人的屏障。於是在 1833 年 2 月，在英國人和錫克人的支持之下，阿富汗前國王率領兩萬大軍反攻阿富汗，並於 1834 年包圍了坎達哈。多斯特買通了叔佳的雇傭軍，打敗了叔佳，迫使他逃回印度。

正當多斯特和叔佳在坎達哈對峙時，錫克人的軍隊在其首領倫吉特 · 辛格 (Ranjit Singh) 率領下占領了白沙瓦，並把錫克人的統治擴大到了開伯爾山口。多斯特曾指揮大軍前來進攻錫克人，但被錫克人瓦解。這種情況下，多斯特寫信給英印總督奧克蘭勳爵 (Lord Auckland)，要求英國人幫助阿富汗從錫克人手裡收回白沙瓦。1837 年初，英國派亞歷山大・伯恩斯 (Alexander Burnes) 等人組成的使節團到達喀布爾，試圖說服錫克人與阿富汗人友好相處，締結〈英阿互助協定〉，防止俄國入侵。不久，俄國人維特卡維奇也到達阿富汗，表示願意幫助阿富汗人攻打錫克人。談判中，多斯特開始傾向於同英國人達成協議，但伯恩斯寫信給奧克蘭時，奧克蘭決定完全同錫克人結盟，不願在白沙瓦問題上幫助阿富汗人。1838 年 4 月 26 日，伯恩斯離開喀布爾回到印度，多斯特只好和俄國人談判。

奧克蘭及其顧問認為，維特卡維奇的存在是對英印政府的嚴重威脅。英國人決定利用流亡的前阿富汗國王叔佳取代多斯特。1838 年 5 月，奧克蘭派麥克納騰 (William Macnaghten) 出使拉合爾 (Lahore)。與他同來的還有叔佳。在那裡，麥克納騰、叔佳、辛格進行了談判。談判的目的主要是在辛格和叔佳之間訂立一個條約，以便結成同盟進攻阿富汗。在辛格的建議下，英國人同意加入該條約，麥克納騰並保證為叔佳提供金錢和軍官，三方共同進攻阿富汗。辛格對這個計畫並不是十分熱心，因為如果這個計畫實行成功，英國人和叔佳的勢力都會得到加強而對他不利，但最後辛格還是在條約上簽了字。根據條約，叔佳放棄對辛格所控制的各省主權的要求，而辛格在必要時對叔佳提供武力援助。

英國方面對是否武力占領阿富汗意見並不一致，奧克蘭將進攻阿富汗的計畫提交倫敦後，倫敦方面雖然同意了他的計畫，但卻建議他再做努力，把多斯特和他的兄弟爭取過來。伯恩斯也認為，應該先爭取多斯特，他在一封給麥克納騰的信中寫道：「要重新考慮我們不能同多斯特．穆罕默德合作的原因。他無疑是個有能力的人，內心深處對不列顛民族有著很高的評價；假使你為他做的事情，只有你必須為別人所做的一半，而且給他提出的建議，使他能夠看出來是符合他的利益的話，那麼，明天他就會把俄國和波斯拋棄。」但是奧克蘭固執己見，開始準備對阿富汗的戰爭。

1838 年 10 月，英國軍隊開始集結期間，奧克蘭發表了一個宣言譴責多斯特，他把多斯特在開伯爾山口為了對抗錫克人而採取的防禦措施說成是「對我們的老盟友倫吉特．辛格的部隊無緣無故所發動的突襲」。入侵阿富汗的英國軍隊集結在菲羅茲普爾，此地距大軍預定過河的蘇庫爾有四百五十英里。英國遠征軍由一個孟加拉師和一個孟買師組成，由約翰．克安尼總司令任指揮官。叔佳的軍隊包括六個步兵營、兩個騎兵團和一個馬馱炮兵隊組成。麥克納騰和伯恩斯也隨軍前行，麥克納騰的身分是印度政府駐叔佳宮廷的使節和公使，伯恩斯則是卡拉特及其他邦的使節。1839 年 4 月 25 日，英國人和叔佳的軍隊按時到達基達，這時，坎達哈的巴拉克查依兄弟派人送來信件，表示願意放棄抵抗，讓英國人和叔佳的軍隊和平地進入坎達哈。克安尼和叔佳兵不血刃地進入了坎達哈，受到了當地部落首領和居民的熱烈歡迎。巴拉克查依兄弟則驅馬去了錫斯坦。1839 年 6 月 27 日，英國人留下了一些軍隊駐守坎達哈，其餘部隊則在克安尼的率領下向伽色尼推進。伽色尼的城牆有七十英尺高，周圍有寬大的護城河，城門已被堵塞，最後英國人用炸藥炸開了城門，7 月 23 日，在略有傷亡的情況下攻克了伽色尼。伽色尼的陷落引起了阿富汗人的恐慌，多斯特派人前來表示願意做叔佳的宰相，結果遭到伯恩斯的拒絕，他只好攜妻挈子地逃到巴里黑，後又逃到布哈拉，在烏茲別克人的庇護下生活。克安尼在伽色尼停駐了一個星期，然後留下一部分軍隊駐守，自己則率大軍向喀布爾前進。他們沒有遇到任何抵抗就順利到達了喀布爾。8 月 7 日，叔佳舉行了進入喀布爾城的儀式。這時距離他逃出這個國家已有三十年了。在英國人的金錢和刺刀的幫助下，叔佳重新登上了其祖先們的王位。實際上，連叔佳也清楚，真正的國王是麥克納騰。

第二節　吉爾查依人的反抗：第一次抗英戰爭

奧克蘭曾經許諾：「一旦他（叔佳）的權力得到保證，阿富汗的獨立和完整得以確立，英國軍隊將立即撤離。」現在這些目標都已經實現，阿富汗的局勢也很平靜，但奧克蘭擔心，一旦英國軍隊撤走，叔佳政權就會被推翻。奧克蘭也考慮到占領阿富汗對英印政府來說是一個沉重的負擔。於是在 1839 年 10 月，克安尼帶著包括馬馱炮隊與騎兵的一個縱隊離開阿富汗回到了印度，其餘部隊則繼續駐留阿富汗。

英國軍隊控制著喀布爾、賈拉拉巴德、伽色尼、坎達哈等要地。阿富汗境內風平浪靜，麥克納騰也滿懷信心，認為英國人的統治穩如磐石。吉爾查依人 (Ghilzais) 雖然發動了一些暴動，但叔佳答應每年給他們提供三千英鎊的補助金後，他們就平靜了下來。對叔佳威脅最大的是多斯特，他在阿富汗北部聚集了一支六千人的隊伍，曾一度打敗英國軍隊，令英國人憂心如焚。但出人意料的是，多斯特由於對自己信心不足，很快就向英國人投降了。1840 年 11 月 12 日，多斯特被英國人送到了印度。阿富汗到處都是和平，英國人的統治似乎越來越穩固。但從 1841 年開始，阿富汗人對英國人的態度發生了巨大變化，由以前的漠不關心轉向了仇視，這主要是由英國人在阿富汗的不恰當的統治方式引起的。

大批英國人的湧入使阿富汗人的生活更加貧困。阿富汗的物產本來就非常貧乏，大量的英國人和英國軍隊湧入阿富汗後，雖然一部分經費來自英印政府，但這些錢在阿富汗使用，當然要在阿富汗進行採購，結果引起了阿富汗嚴重的通貨膨脹，再加上叔佳政府和英國人也要在阿富汗徵稅，阿富汗人民的生活變得日益艱難。叔佳家族重新掌權後，像英國人一樣貪婪地搜刮民脂民膏，阿富汗人民把他視為英國人的傀儡，非常痛恨。英軍放蕩的生活習慣和褻瀆聖陵的行為激起了阿富汗人民的憤怒。西方傳教士隨著英軍進入了阿富汗，他們在傳教過程中褻瀆阿富汗人崇拜的聖陵，引起了阿富汗人強烈的排外情緒。英國人公開勾引阿富汗婦女，與阿富汗已婚婦女通姦，還帶來許多妓女。一名阿富汗男子殺死了自己與英國人通姦的妻子，而叔佳政府在英國人的壓力下，卻將此人處死。英國人的所作所為越來越引起阿富汗人的仇視。英國人在阿富汗的暴行顯然就是促使阿富汗人反抗英國人統治的重要因素。英軍在巴米安與多斯特作戰時，由於哈扎拉城堡的阿富汗人拒絕向英國人出售他們準備過冬的飼料，英國人便下令放火，不但焚燒了飼料，而且將哈扎拉人活活燒死。英國政府官員皮特·尼克爾森曾下令毀掉一個有二十三名居民的村子，原因僅僅是「他認為這些人無禮地盯著他看」。所有這些原因都促使阿富汗人起來抗爭。

圖 25：並列在阿富汗城牆前的英國大炮

1841 年 9 月，麥克納騰接到命令，要他停止向阿富汗各部落發放補助金，以減輕政府的經濟負擔。這一命令成了阿富汗反英起義的導火線。吉爾查依人立即切斷了喀布爾與印度之間的交通線，打敗了賽爾將軍率領的英軍。11 月 2 日，阿富汗人在喀布爾發動了規模宏大的起義，他們湧進英軍軍營，殺死了伯恩斯和其他英國人，奪取了英軍的軍需物資。喀布爾的起義引發了全國性的反英活動，許多地方的英軍都遭到圍攻和殲滅，部落戰士紛紛來到喀布爾，英軍陷入包圍之中。12 月 11 日，麥克納騰不得不同阿富汗的各部落首領進行談判。雙方達成協議，英軍答應撤回印度，阿富汗人則為他們提供安全保證和供應物資。但麥克納騰並不想執行協議，協議簽署後的十多天裡，英軍並沒有撤離的跡象。麥克納騰是在等待阿富汗人內訌，他還想雇人殺死起義領袖。阿富汗人發現了他的陰謀，並於 12 月 23 日將其殺死。

1842 年 1 月 6 日，在一片皚皚白雪中，英國軍隊踏上了充滿危險的撤退之路。由於吉爾查依人未參加與英國人的談判，他們襲擊和騷擾了撤退中的英國人，這支隊伍幾乎完全被消滅了。阿富汗寒冷的天氣和嚴酷的自然環境是英國人慘敗的重要原因。當時，阿富汗冰天雪地，寒風刺骨，英國人手足多被凍壞，不能進行有效的戰鬥。1842 年 3 月，多斯特的兒子阿克巴汗包圍了賈拉拉巴德，坎達哈也連續遭到杜蘭尼人的進攻。

阿富汗的各部落首領雖然在抗英鬥爭中結成了同盟，但他們的矛盾卻是根深蒂固的。許多部落首領們都想奪取王權，叔佳也在這場權力鬥爭中被殺。6 月 29 日，叔佳的兒子法什．賈恩被選為國王，阿克巴汗擔任宰相。7 月 4 日，英軍兵分兩路分別從賈拉拉巴德和坎達哈向喀布爾進發。阿富汗人之間的矛盾進一步激化。9 月 1 日，賈恩投奔了英國人。9 月 13 日，阿克巴汗被英軍打敗。英軍重新占領了喀布爾，並洗劫了該城。但英國人沒有信心控制喀布爾，於 10 月 12 日開始從喀布爾撤退。多斯特被放回阿富汗，重新當上了喀布爾的埃米爾。經過多年的浴血奮戰，阿富汗人終於保住了自己的獨立地位。

第三節　阿布杜爾・拉赫曼：第二次抗英戰爭

多斯特重新成為喀布爾的埃米爾後，他的宰相仍然是阿克巴汗，父子倆卻因為政見不同而關係異常緊張，但阿克巴汗於二十九歲時（1846 年）被一個印度醫生毒死。重新統一阿富汗是多斯特第二次執政時期最大的歷史功績。1855 年，多斯特收復了坎達哈。到 1859 年為止，阿姆河和興都庫什山之間的地區重新接受了喀布爾的領導。1863 年，多斯特又趁赫拉特戰局動盪之機征服了赫拉特，從而重新統一了阿富汗。

多斯特在征服赫拉特幾天後就溘然長逝了，阿富汗又重新陷入戰亂與紛爭之中。多斯特的兒子希爾．阿裏繼承了王位，引起了他的十一個兄弟的不滿，他們紛紛起來發動叛亂，試圖從他手中奪取王權。希爾．阿裏為鎮壓這些暴動付出了沉重的代價，他心愛的兒子也在戰鬥中被殺，以致他失去了理智，整天在喀布爾的大街上遊蕩、呼喚著兒子的名字。但希爾．阿裏最終在這場鬥爭中取勝，1869 年，他從喀布爾趕走了他的侄子阿吉姆和阿布杜爾．拉赫曼（Abdur Rahman，1844–1901 年），重新登上了他一度離開的國王寶座。

阿富汗人民本可以享受一段和平時光，但英、俄列強卻不給他們任何喘息的機會。1860 年代後，沙俄加快了吞併中亞的步伐。面對沙俄在中亞洪水般的攻勢，希爾．阿裏驚慌失措，深感不安，他曾試圖與英國人建立同盟以對付俄國人，但與英國人的談判最終失敗。俄土戰爭的失敗把英、俄在阿富汗的對抗激化到前所未有的程度。俄國軍方認為，印度是英國戰略防禦的薄弱環節，占領印度將會給英國以致命的打擊，俄國積極地進行著借道阿富汗進攻印度的各種準備。1878 年 6 月 18 日，在阿富汗境外的俄國軍隊

圖 26：阿克巴汗像

的支持下，俄國使節斯托萊伊托夫強行進入阿富汗，並在 8 月 18 日與希爾．阿裏簽訂了攻守同盟條約。俄國人的所作所為引起了英國人的憤怒，他們要求阿富汗同樣接受一個以尼維爾．張伯倫為首的英國使團，卻遭到阿富汗的拒絕。於是，英印總督李頓決定以此為由出兵阿富汗。

希爾．阿裏本來寄望依賴俄國人的幫助抵抗英國入侵，但 1878 年 7 月 13 日簽訂的〈柏林條約〉緩和了英、俄之間的矛盾，俄國人對與阿富汗結盟已經失去興趣。11 月 19 日，苦苦等待的阿裏收到俄國土耳其斯坦總督考夫曼將軍的來信，考夫曼表示無力援助阿富汗，而建議他與英國人妥協。阿裏只好與英國人妥協，同意願意接受一個臨時的、友好的英國使團。由於傳遞路途的耽誤，阿裏給英印總督的信並沒有及時送達。1878 年 11 月，三路英軍越過阿富汗邊界，長驅直入阿富汗，向坎達哈和喀布爾進發。1879 年 1 月 8 日，英軍順利地占領了坎達哈。而另一支英軍也很快占領了賈拉拉巴德，向喀布爾方面推進。消息傳到喀布爾後，阿裏驚慌失措，他的士兵們則紛紛回家去了。他把囚禁中的兒子亞庫布汗從獄中釋放出來，並任命他為攝政王，自己則逃往巴爾赫，希望獲得俄國人的支持。但考夫曼拒絕派遣部隊支援他，並勸他與英國人講和，也不允許他去聖彼得堡拜見沙皇。1879 年 2 月 21 日，阿裏在疾病和俄國人的出賣之下，死於馬箚里沙里夫。

1879 年 5 月，阿富汗新國王亞庫布汗與英國人簽訂了〈甘達馬克條約〉。條約規定，阿富汗外交由英國掌管，比辛、西比等地由英國控制。7 月，卡瓦格納裏作為英國使節進駐喀布爾。為了進一步控制阿富汗，10 月 12 日，羅伯茨率領三個旅的英軍進入喀布爾，亞庫布汗宣告退位，羅伯茨成為喀布爾的實際統治者。事態的發展打破了英國人想徹底征服阿富汗的夢想。英國人進入阿富汗後，一直受到英勇善戰的部落戰士的打擊，英國人的統治只限於城市周圍，成為籠中困獸。長期困守阿富汗，使英軍的軍費開支巨增，造成一千三百八十萬英鎊的軍費赤字。

亞庫布汗退位後，阿富汗陷入群龍無首的境地。這時，阿布杜爾・拉赫曼在阿富汗歷史舞臺上崛起，領導了阿富汗人民的第二次抗英戰爭。拉赫曼是前國王多斯特的孫子，也是亞庫布汗的堂兄弟。1866 年 2 月，他率兵攻克了喀布爾，一度推翻了阿裏，將其父阿弗紮爾推上王位。1869 年，他又被阿裏打敗，被迫流亡中亞。現在，拉赫曼在俄國人的督促下返回了阿富汗，迅速組織起一支規模浩大的軍隊。英國人馬上與他聯繫，表示願意讓出喀布爾。1880 年 7 月 22 日，英國人與拉赫曼簽訂義務備忘錄，正式承認拉赫曼為喀布爾的埃米爾，並承諾給阿富汗軍事援助以抵抗外來進攻，但阿富汗除英國外不能同其他任何國家建立外交關係，由英國掌握阿富汗的外交政策。英國人雖然在喀布爾找到了脫身之機，但南部坎達哈的形勢又趨於緊張。1880 年 6 月，赫拉特總督阿尤布汗率軍遠征坎達哈，同英國軍隊發生了激烈戰鬥，英軍遭到毀滅性的打擊，傷亡慘重。9 月 1 日，英軍的援軍到來，擊退了阿富汗人，阿尤布汗撤回了赫拉特。1881 年 4 月，英國人將坎達哈移交給拉赫曼。一週後，英軍全部撤出阿富汗。在這場戰爭中，英國人雖然最終奪取了阿富汗的外交特權，但付出了沉重的代價，三千名英國士兵死亡，消耗掉二億英鎊的各種開支。

第四節　阿布杜爾・拉赫曼：阿富汗的重新統一

阿布杜爾．拉赫曼注定要成為一位偉大的國王。許多好亂成性的部族所組成的鬆鬆垮垮的集合體經他之手漸熔煉成為一個國家，並以鋼鞭統治著統一的阿富汗。拉赫曼的經歷光怪陸離，他一生的命運瞬息萬變，他的性格在逆境的鐵砧上磨練得非常頑強。歷史學家們認為他是現代阿富汗的真正締造者。他的父親是前國王多斯特的第三個兒子阿弗紮爾，母親是一位重要的地方總督沙曼汗的女兒。拉赫曼出生於 1844 年，出生後的頭九年住在喀布爾，隨後他到了擔任阿富汗土耳其斯坦總督的父親那裡，在那裡住了十年，這期間他的大部分時間都花在各種運動和軍事訓練上，對於讀書和寫字則感到困難。後來他被父親任命為部隊的總司令。1863 年，多斯特去世後，希爾．阿裏繼承了王位，他的兄弟們紛紛發動叛亂，最終都被擊敗。拉赫曼也率軍打到喀布爾，並一度取勝，但最終的結果是以他在 1869 年 1 月的慘敗而告終。這次災難之後，他在他的叔

圖 27：阿布杜爾・拉赫曼

父阿吉姆和一些忠實的隨從的陪同下，經過長途跋涉，到達了已經屬於俄國的撒馬爾汗。在那裡他受到俄國人的熱情款待，考夫曼為他提供了一座花園和住房，1870–1880 年間拉赫曼就一直寓居在那裡。亞庫布汗退位後，阿富汗群龍無首，俄國人鼓勵拉赫曼趁機回到阿富汗去，並給他提供了二百枝後膛槍，以及彈藥和一些錢。於是拉赫曼回到阿富汗，並很快成為喀布爾的埃米爾。

拉赫曼登上阿富汗的王位之時，阿富汗正陷於嚴重的分裂之中。一系列的難題擺在他的面前：國家機器不復存在；中央政府和地方政府形同虛設；部落首領各自為政；覬覦王位者數不勝數。而他的任務就是在這些成堆的問題和困難之中打開一條通道，創建一個新的阿富汗。

統治阿富汗的最大敵人是割據一方的許多地方勢力和部落首領。赫拉特的統治者阿尤布汗是拉赫曼最危險的敵人。阿尤布汗長期盤據赫拉特，軍事實力非常雄厚。1881 年 7 月，率領一萬二千人擊敗拉赫曼，占領了坎達哈。阿尤布汗全力出擊坎達哈，使赫拉特守備空虛。拉赫曼決定兵分兩路，一路由土耳其斯坦總督庫杜斯汗率領進攻赫拉特，而另一路由他自己親自率領向坎達哈方向推進。拉赫曼的兩路大軍都取得了決定性的勝利。阿尤布汗只好逃往波斯，後又流亡印度。

拉赫曼還鎮壓了土耳其斯坦總督穆罕默德．伊撒克汗的叛亂。穆罕默德．伊撒克汗是拉赫曼的堂兄，曾長期跟隨拉赫曼流亡俄國，拉赫曼當政後，他被任命為阿富汗土耳其斯坦的總督。1888 年 6 月，拉赫曼病重，伊撒克汗聽到消息後立即自稱埃米爾，向拉赫曼發起挑戰。1888 年 9 月，拉赫曼派古拉姆．海答爾率軍到達塔什庫爾干，與伊撒克汗的軍隊展開決戰。在戰鬥進行得最激烈的時候，伊撒克汗臨陣逃走，王家軍隊很快取勝。伊撒克汗流亡布哈拉和俄國。

為數眾多的部落首領和毛拉 (Mulla) 掌握著阿富汗許多地方的統治權。他們是拉赫曼建立統一國家的過程中最頑固的障礙。拉赫曼採取了許多軍事行動來鎮壓各地部落首領的叛亂。這些叛亂中以吉爾查依人和哈扎拉人的影響最大。1886 年，吉爾查依人發動了暴動，其原因是拉赫曼強迫他們上繳土地稅，引起了他們的不滿。結果，吉爾查依人在毛拉阿布杜爾．卡里姆的領導下起義，擊敗了駐紮在伽色尼和穆庫爾的政府軍。與政府軍幾次交鋒後，終於在 1887 年秋被政府軍徹底打敗。卡里姆逃往印度。哈扎拉人居住在阿富汗的中央高地，控制著從喀布爾、伽色尼到赫拉特附近的廣大山區。他們是蒙古人的後裔，信仰什葉派教義。1890 年代初期，拉赫曼已經確立了對哈扎拉人的有效統治。但是拉赫曼派去的官員行為放蕩、專橫，他們強姦婦女，占領哈扎拉人的城堡，解除他們的武裝，徵收苛捐雜稅，造成哈扎拉人對政府官員的敵視。1891 年，哈扎拉人各部落紛紛暴動，哈扎拉地區的政府軍大部分被消滅。1891 年到 1893 年，拉赫曼在哈扎拉地區布置了十萬政府軍，才最終鎮壓了哈扎拉人的反抗。許多戰敗的哈扎拉人被迫移居他鄉，失去了與政府分庭抗禮的能力。拉赫曼還用武力征服了位於喀布爾東北部的卡菲里斯坦，迫使那裡的居民信仰了伊斯蘭教。阿富汗實現了真正的統一。

為了鞏固阿富汗國家的統一，為了加強中央集權，拉赫曼進行了一系列內政方面的改革。首先為了打破部落的傳統特權，拉赫曼對叛亂部落實行強制遷移政策，迫使他們離開自己的祖居土地，外遷到新的地方去。吉爾查依人和哈扎拉人都被遷到了新的陌生環境中，很難再發動新的叛亂。其次，為了約束心懷不滿的各部落首領，他設立了由部落首領、宗教領袖、宮廷成員組成的議事會，議事會成員有權力就國王提出的各種問題發表意見。這樣，國王既有了解下情的渠道，又把各部落首領長期控制在首都，使他們無法發動叛亂。另外，拉赫曼用行政手段打破了統一的部落組織。他在劃分省界時，故意把一個部落的土地劃分在兩個或更多的省中，從而打破了部落組織的統一局面，部落首領的權威也遭到瓦解。為了保證國家機器的正常運轉，他除保留許多原有的國家機構以外，還設立了許多新的國家機構，如財政部、商業部、司法部、警察局等，使阿富汗的政治體制朝著現代政治的方向邁進。拉赫曼還進行了軍事改革。他創立了「八丁抽一」的徵兵制，代替了以往的強迫募兵制。規定每八個村民中要有一人服役，由村子支付他的軍服費和給養費。到拉赫曼統治阿富汗的最後幾年，阿富汗的軍隊達到十萬人，他們駐紮在阿富汗各地，為加強中央政府的統治和維護阿富汗的統一起了不可替代的作用。

阿布杜爾．拉赫曼是一個傳統的專制統治者，他不允許人民議論政治，不信任任何人，他濫殺無辜，濫施刑罰，殺人無數。但拉赫曼用嚴酷的手段統一了阿富汗，他改革政府制度，改組軍隊引進西方技術，為阿富汗融入現代社會提供了最基本的起點。

第 III 篇

現代篇

第五章 *Chapter 5*

現代民族主義的興起

第一節 馬赫穆德・塔爾奇：青年阿富汗的強國之夢

哈比布拉國王統治阿富汗的時期，正是亞洲民族主義運動興起的時期，也是阿富汗民族主義興起的時期。這時候整個東方在西方的衝擊下，對西方的強大與富裕有了比較理性的認識，亞洲逐漸覺醒過來，開始理智地審視本民族的生存與發展問題。另外，1904 年，日本戰勝了強大的俄國，證明西方並不是不可戰勝的，這使整個東方受到了鼓舞，從而推動了東方現代民族主義的發展。

阿富汗的民族主義運動是由馬赫穆德・塔爾奇 （Mahmood Tarzi，1865–1933 年）開創的。塔爾奇出生在伽色尼，其父是一個部落首領。拉赫曼執政時，他的全家被放逐出國，寓居在大馬士革 (Damascus)。在那裡塔爾奇娶了一個土耳其婦女為妻。寓居國外其間，塔爾奇遊歷了許多伊斯蘭國家和法國，親眼看到了歐洲現代文明的成就，從而深切感受到伊斯蘭世界的危機和變革的必要性。哈比布拉繼位後，對所有放逐國外的阿富汗人進行赦免，塔爾奇回到了阿富汗。他主張對外保持獨立，對內進行改革，成為進步黨派無可爭辯的領袖。他經常撰文攻擊英國，所以影響很大。塔爾奇一回到喀布爾就向國王提出了一項改革建議，引起了國王的強烈興趣，很快他就被任命為王室翻譯局的局長。1911 年，在國王的支持下，塔爾奇創辦了阿富汗歷史上影響最大的報紙《光明新聞》。通過這份報紙，塔爾奇系統地闡述了自己的民族主義思想。

塔爾奇首先探討了阿富汗落後的原因。他認為阿富汗的衰退和整個穆斯林世界一樣，是因為穆斯林統治者的衝突引起了伊斯蘭世界的政治瓦解，世俗利益和伊斯蘭道德標準之間的距離日益增大，導致了穆斯林學術機構的衰落。因此是穆斯林的行為，而不是伊斯蘭教本身造成了伊斯蘭世界的停滯不前。阿富汗落後的主要原因是阿富汗人忽視教育和科學，同時阿富汗人長期同外界隔絕，一些愚昧的保守分子便控制了人們的思想，使阿富汗無法有選擇地借用西方文明；另外，阿富汗人之間不斷的紛爭削弱了整個民族的力量，使阿富汗人無法有效地組織起來。

阿富汗要想擺脫落後的局面，必須跟上時代的步伐，廣泛引進先進的西方文明。塔爾奇認為，西方的強大不僅在於其軍事力量，而且還在於它的文化、經濟和工業。因此，阿富汗不僅要引進西方的技術，還要引進西方的制度和生活方式。西方的技術文明和伊斯蘭教毫無矛盾，從前伊斯蘭社會的文化和社會進步加強和傳播了伊斯蘭教，沒有理由相信新的社會進步會破壞伊斯蘭教。為了加快阿富汗社會的發展和建立阿富汗國家的經濟基礎，阿富汗必須採納西方現代文明，輸入現代機器，採用電報、電話和汽車，建立郵電局和股份公司。這些措施不僅能加快阿富汗的經濟發展，也有利於鞏固國防。

為了引進技術，必須大規模地開展教育。塔爾奇多次強調了教育的重要性，他鼓勵阿富汗青年多學知識，以便掌握先進的西方技術，也更好地理解伊斯蘭教。他主張，阿富汗要實現現代化和社會進步，就應該實行義務教育，建立各級各類學校和公共圖書館。

在塔爾奇等進步政治勢力的鼓動下，國王哈比布拉進行了許多現代化改革。他大力修建道路，延長電報線，引進現代機器；哈比布拉還邀請美國工程師杰維特建造了阿富汗第一座電廠，為王宮和喀布爾的主要建築拉上了電燈；他接受青年阿富汗派的改革要求，引進西方式的教育，建立了一所西方式的專科學校，用歐洲的方式進行管理；哈比布拉還廢除了他父親制定的商品專賣制度，扶植商人階層，從而進一步推動了阿富汗商業貿易的發展，使阿富汗形成了全國市場和商業民族資產階級，從而為民族主義的進一步發展創造了基礎。

隨著阿富汗社會的變化，阿富汗的各種政治派別也發生了急劇分化。以塔爾奇為首的主張改革的進步勢力被稱為青年阿富汗派，以僧侶和地主組成的反對改革的政治勢力被稱為老年阿富汗派。這兩派雖然在是否進行改革方面存在著激烈的矛盾，但在反對英國統治、實現國家完全獨立方面，他們的觀點則完全一致。對國王哈比布拉來說，他的統治地位的穩固比起改革來要重要得多，因此，他用相互制約的辦法來控制阿富汗的各種政治派別，有時支持青年阿富汗派的改革要求，有時又用老年阿富汗來抑制青年阿富汗派的勢力。正因為如此，哈比布拉時期，阿富汗的現代化改革非常有限。

第一次世界大戰爆發後，青年阿富汗派和老年阿富汗派都主張應抓緊機會加入德土集團中進行戰爭，擺脫英國人對阿富汗的外交控制，謀求阿富汗的完全獨立。但哈比布拉在 1914 年 8 月 24 日宣布阿富汗中立，1916 年 1 月 6 日他再次向英國重申了阿富汗的中立立場。哈比布拉因此遭到了國內各種政治派別的反對。在這種政治壓力下，1916 年哈比布拉提出戰後的和平會議應有阿富汗的代表。1919 年 2 月 2 日，他再次向英印總督提出，由於阿富汗中立立場的重大作用，巴黎和會應承認阿富汗的絕對自由和永久獨立。但英國人的答覆是他們要繼續控制阿富汗的外交政策。

哈比布拉是一個愛國的統治者，熱心於為阿富汗造福。他有志於改變阿富汗的落後面貌，使阿富汗強大起來，以擺脫外國勢力對阿富汗事務的干涉，他因此引進了許多西方的技術，使阿富汗邁開了現代化改革的步伐。雖然由於他本人所處地位的局限使他不能放手發動改革，但由於他和塔爾奇等人的共同努力，現代主義和民族主義的種子在他的時代已經生根發芽，為以後阿富汗的進一步改革奠定了基礎。1919 年 2 月 20 日，哈比布拉在拉格曼狩獵時，一位不知名的青年闖入他的帳篷，開槍將他擊斃，子彈從他的耳朵穿過。刺殺者可能是這個地區被他處死的毛拉的後代。

第二節　阿曼努拉：第三次抗英戰爭

哈比布拉的遇難掀開了阿富汗歷史新的一頁。就在行刺事件發生的第二天，納斯魯拉在賈拉拉巴德被毛拉、王室成員和朝廷主要的官員們擁立為埃米爾，繼承了王位。同時，年為二十九歲的前國王的第三個王子阿曼努拉（Amanullah Khan，1892–1960年）控制著首都、金庫、軍隊總部和兵工廠，在塔爾奇等人的支持下，他決定起來奪取權力。他首先宣布將軍隊的薪餉從每月十一盧比提高到二十盧比，他還憤怒譴責納斯魯拉未能調查和懲罰刺殺他父親的兇手。阿曼努拉立即得到了喀布爾部隊的擁護，駐賈拉拉巴德的部隊也宣布承認阿曼努拉為埃米爾。在這種情況下，納斯魯拉不得不自認敗北，於2月27日寫信給阿曼努拉表示臣服。他被當作階下囚押到了喀布爾。

阿曼努拉繼承了王位，他立即向軍隊和全國發出了公告，宣布「阿富汗無論是對內對外政策都應該是獨立自由的，世界上其他獨立國家政府擁有的各種權力，阿富汗也應全部具有。」這表明了阿曼努拉擺脫英國人的控制，爭取阿富汗完全獨立的決心。3月3日，阿曼努拉以獨立的阿富汗國王之名義給印度總督寫了一封信，信中說：「我們阿富汗的獨立自由的政府認為，不論在任何時候都樂意並且準備同偉大的英國政府締結有益於我們兩國政府之間的商業利益的協定和條約。」但是英帝國主義無意放棄在阿富汗的既有特權，直到4月5日，總督才給阿曼努拉覆信，信中，總督傲慢地拒絕承認獨立的阿富汗政府，而且要求阿富汗履行過去的不平等條約。與此同時，英印政府軍隊宣布駐紮在西北邊境省分的軍隊進入緊急待命狀態，向青年阿富汗派政權實行武力威脅。

為了打擊英國人的囂張氣焰，迫使英國人接受阿富汗的獨立要求，阿曼努拉首先向蘇俄靠近。1919 年 3 月 27 日，蘇俄政府宣布承認阿富汗的獨立和主權。阿曼努拉和列寧相互致信，表示要建立兩國的友好關係。阿曼努拉也積極地同印度的民族主義運動建立聯繫，從內部破壞英印當局。阿富汗政府在印度西北部廣泛散發傳單，支持印度人民反對〈羅拉特法案〉、抗議阿姆利則慘案的反英鬥爭。阿曼努拉還同印度西北部的普什圖人領袖達成協議，在反英鬥爭中進行合作。阿曼努拉的這一系列行為激起了英國人的極大憤怒，於是他們決定對阿富汗發動侵略戰爭。

1919 年 5 月 3 日，英國軍隊向阿富汗開伯爾山口的邊防軍發動進攻，阿軍奮起反擊。隨後，阿曼努拉在喀布爾召開群眾大會，宣布展開聖戰。阿富汗人民爭取獨立的第三次抗英戰爭正式開始。參戰的阿富汗軍隊共有六萬人，分成三路迎擊敵人。第一路由納第爾 (Nadir Shah) 率領，開往霍斯特，抵抗來自東面科哈特的英軍。第二路由阿軍總司令沙裏赫．穆罕默德統帥，抵抗東北方面來自白沙瓦的英國軍隊。第三路由首相昆杜斯率領，鎮守東南重鎮坎達哈，防止英軍由新恰慢入侵。阿富汗軍隊的主要裝備是刺刀、劍和火炮，唯一的運輸工具是駱駝。相比之下，英軍共有三十四萬人，他們訓練有素、裝備精良，因而驕橫跋扈，不可一世。

開伯爾山口所在的東北地區首先成為激戰的中心。沙裏赫於5月3日就投入了戰鬥，但遇到了英軍的強勁反攻而被迫後退。12日，英軍進入了阿富汗的東北部，占領了達卡要塞。最後由於普什圖游擊隊對英軍補給線的打擊，再加上東部戰線英軍的失利，東北地區的英軍最後停止了對阿富汗東北部的進一步入侵。在納第爾指揮的東部戰線，阿軍取得了瓦齊爾斯坦、卡爾佩、庇瓦爾、塔耳等重大戰役的勝利。在南部戰線，昆都茲首相率領數千政府軍和志願民兵跨越邊境，一舉攻克英軍據點巴克拉，並切斷了邊境英軍的水源。阿富汗各路大軍本來可以繼續追擊，擴大戰果，但由於接到了喀布爾的停戰命令而不得不停止進攻。

第三次抗英戰爭主要限於邊境地區，阿富汗軍隊在作戰中大膽採取了主動出擊、外線作戰的戰略，把戰線推到英印領土以內，沉重地打擊了英國的殖民霸權。但由於交通和通訊設施的落後，阿富汗軍隊在三條戰線上的行動互不協調，進攻時間先後不一，前線作戰與後方談判相互脫節，最終痛失了進一步擴大戰果的機會。5月中下旬，英軍的飛機對喀布爾和賈拉拉巴德進行轟炸，對喀布爾市民產生了很大的心理影響，他們要求政府停止戰爭。英國方面也向阿曼努拉提出了停戰和談的要求。阿曼努拉則提出，停戰的前提是承認阿富汗的完全獨立。6月3日，阿曼努拉宣布同意實行停火。7月25日到8月8日，雙方代表在印度的拉瓦爾品第進行談判。阿富汗方面的代表團團長是內務大臣阿裏·阿赫默德，英國方面的代表團團長是漢密爾頓·格朗特。8月8日，雙方和約正式簽字，當時，漢密爾頓給阿赫默德寫了一封信，信中承認「阿富汗在內政和外交事務方面，正式地自由和獨立。」〈拉瓦爾品第條約〉規定，阿富汗政府承認已故埃米爾所承認的英阿邊界，同意由一個英國委員會來及早標定開伯爾以西的未定界部分；英國政府撤銷了從前諸埃米爾所享有的經過印度進口武器、彈藥、軍需品到阿富汗的權力；取消給予阿富汗埃米爾的補助金。

這樣，經過了近四十年的屈辱之後，阿富汗人終於擺脫了英國人對他們外交的控制，贏得了國家的完全獨立。而阿曼努拉宣稱他要用利劍實現阿富汗獨立的要求終於實現了。阿富汗人每年舉行慶典，紀念阿富汗的獨立。他們還在喀布爾建立了一座紀念碑來象徵勝利，碑座上是一頭用鐵鏈子拴著的獅子——代表大不列顛。

第三節　挑水夫之子叛亂：阿曼努拉改革的悲劇

阿曼努拉政府不但為阿富汗贏得了完全的獨立，而且在青年阿富汗派的推動下在阿富汗展開了以現代化為目標的改革，使阿富汗進一步走上了現代化之路。第一次世界大戰之後，土耳其的凱末爾成功地進行了現代化和世俗化的改革，阿富汗的近鄰伊朗也在禮薩汗國王的領導下進行了現代化改革。這些改革對阿曼努拉和以塔爾奇為首的青年阿富汗派起了巨大的激勵作用。阿曼努拉改革的目的是要把阿富汗由一個閉塞落後的封建主義國家變成一個現代的資產階級的君主立憲國家，是要在經濟、社會發展方面，為在阿富汗建立資本主義生產關係創造各種條件。

改革從 1919 年持續到 1929 年，經歷了十年時間。這十年的改革可分為三個發展階段。第一個階段是從 1919 年到 1923 年，主要是進行司法和行政機構方面的改革；第二階段是從 1923 年到 1928 年，這一階段由於反動派的叛亂，改革的步伐放慢了，新的改革措施出爐不多，但以前的改革成果卻得到了進一步的鞏固；第三階段是 1928 年和 1929 年，阿曼努拉從歐洲訪問回來後，又頒布了一系列改革措施，進行了大刀闊斧的改革。阿曼努拉這十年間的改革總的說來分為以下幾個方面：

一、法制和行政管理機構的改革：1923 年，阿富汗頒布了《憲法》，規定阿富汗設立大臣會議以及中央和地方會議；實行政教分離，建立脫離伊斯蘭教的《刑法》、《民法》、《商法》和《婚姻法》；設立政府直接控制下的世俗法院以代替宗教法院。新的法律都以土耳其法律為藍本來制定和頒布。在行政機構方面，阿曼努拉建立了國王領導下的大臣內閣制，實行行政、司法、立法三權分立，還提出要建立君主立憲制。

二、教育和文化改革：阿富汗的教育和所有伊斯蘭教國家一樣，一直控制在伊斯蘭宗教機構手中，是宗教的附屬物。1923 年，根據塔爾奇的意見，用法國的模式對阿富汗的教育制度進行了改造，不但使教育與宗教分離，而且建立了大量的小學、中學、職業學校和女子學校。阿曼努拉尤其重視基礎教育，在全國建立了三百二十二所小學。阿富汗還鼓勵學生出國留學，有數百名學生被派到英、法、德、義和土耳其學習。阿曼努拉時期，阿富汗的教育經費僅次於軍費。文化方面，從中央到地方都出版了機關報，外國的文化書籍也被大量地翻譯出版，劇院、電影院也在阿富汗建立起來，阿富汗還在 1922 年開始用西曆紀年。政府還鼓勵青年學習普什圖語，改變以前波斯語為官方語言的局面。

三、經濟改革：為了推動阿富汗民族經濟的發展，阿曼努拉政府首先實行了稅收改革。1919 年廢除了強制性的封建徭役制，並宣布在三年內免徵國內商品轉運稅，1920 年宣布用貨幣稅代替實物稅，同時廢除包稅制，代之以政府官員收稅制。奴隸買賣也被宣布為非法。1921 年頒布《獎勵工業發展法》，通過稅收減免給阿富汗工商業者提供優惠。在交通通訊建設方面，興修公路、擴大電報電話業務、改善郵政、發展民航、制定修建鐵路計畫。紡織廠、火柴廠、肥皂廠和發電站都在阿曼努拉時期陸續開工。阿曼努拉的經濟改革措施有力地推動了阿富汗的經濟發展，使阿富汗民族和國家朝著經濟現代化的方向迅速邁進。

四、社會風俗改革：阿富汗社會存在著許多與伊斯蘭教有關的陋習，例如多妻制、早婚制、深閨制、婦女戴面紗、揮金如土的婚喪儀式。對這些陋習，阿曼努拉政府都進行勸阻或禁止。1928 年青年阿富汗政府還制定了一個學生守則，規定在校學生不許結婚，要穿學生裝，見面時要用所學外語相互問好。阿曼努拉還規定，在喀布爾，政府官員不許穿戴阿富汗的民族服飾，而一律要穿西裝、戴禮帽。

五、軍事改革：阿曼努拉非常重視阿富汗的軍事建設，他建立了規模較大的兵工廠，聘請土耳其軍官訓練阿富汗士兵。他還從俄國購買了飛機，派阿富汗青年去國外學習飛行技術，組成了阿富汗第一支空軍。為培養軍官，阿曼努拉在 1928 年設立了一所軍官學校，聘請土耳其軍官做教官，但當這些土耳其軍官到達阿富汗時，阿曼努拉政府卻垮臺了。

1927 年到 1928 年，阿曼努拉攜王后出訪了印度、埃及、義大利、法國、比利時、瑞士、德國、英國、波蘭、蘇聯、土耳其、伊朗等十二個國家。訪問中，阿曼努拉被歐洲發達的文明深深地吸引。回國後，阿曼努拉連續五天發表演說，詳細敘述了他們訪問波斯、土耳其和歐洲的經過，提出了在阿富汗進一步進行改革的詳細綱要。1928 年 9 月，阿曼努拉在阿富汗成立了由所有識字的阿富汗人選舉產生的第一屆阿富汗國會，國會下設立法會議，每年在喀布爾定期開會。這期間，阿曼努拉還將服兵役的期限由兩年改為三年，取消了所有的免稅權，還下令在全國徵收附加稅，用以購買軍備。阿曼努拉還規定政府官員要是娶第二個妻子就必須辭職。

和土耳其的凱末爾相比，阿曼努拉缺乏一支強有力的軍隊的支持，另外，土耳其人同歐洲往來已經有好幾個世紀之久，更容易接受西化的改革。而阿富汗人一般來說深居簡出，住在孤零零的山谷裡和終年積雪的高山上，或者在廣闊的半沙漠的平原上，幾乎很難碰上被毛拉們稱為異教徒的歐洲人。所以說，阿富汗改革的基礎很不穩固，改革的條件也很不成熟，這正是阿曼努拉的悲劇所在，也是他最終被趕下臺的原因。

阿曼努拉的改革遭到了許多保守分子的反對，再加上改革觸動了許多人的既得利益，由於沒有軍隊的忠誠支持，改革開始就遭到保守派的反對，毛拉們甚至譴責阿曼努拉是異教徒，而且引發了許多叛亂。在喀布爾以北的庫希斯坦地區，有一個綽號叫「挑水夫之子」的匪首，真名叫巴恰．依．沙科 (Bachar-i-Sakau)，他曾向往來於阿姆河與喀布爾之間的駱駝商隊敲詐勒索而積起了相當大的財富，並且集結了一大幫強盜。1928 年 12 月 13 日，巴恰．依．沙科組織了兩千人進攻喀布爾。政府軍中許多沒有發餉的士兵轉向了叛亂分子。1929 年 1 月 7 日，阿曼努拉發表公告，宣布廢除大多數改革政策。但士兵們已經完全背叛了他，於是在 1 月 14 日，他宣稱「完全自願地」將王位讓給他的兄長伊納亞圖拉汗，然後乘車逃往坎達哈。而這位新國王也在三天後逃出了喀布爾，被一架英國飛機送到了白沙瓦，後來又在坎達哈與阿曼努拉會合了。阿曼努拉雖然在坎達哈組織了一些隊伍，試圖反擊挑水夫之子，但失敗了。阿曼努拉只好借道印度和波斯去了歐洲。

巴恰．依．沙科和他的匪徒以勝利者的姿態進入了喀布爾，並發布了一個公告，宣布他為阿富汗的新國王。阿曼努拉的改革雖然以悲劇結束，但他的許多改革措施對阿富汗來說仍然是必要的，也是將來早晚要實行的。

第六章 | Chapter 6

夾縫中的生存：納第爾王朝的內外政策

第一節　挑水夫之子的末日：納第爾王朝的建立

納第爾（Nadir Shah，1883–1933 年）是杜蘭尼部落兩個掌權分支的後裔，生於 1883 年 4 月 9 日，早年在狄赫拉．當恩城受過教育，學習過英文、阿拉伯文和烏爾都文。拉赫曼時期全家被驅逐出境，1900 年獲准回國。1903 年，納第爾被任命為一個近衛騎兵團的指揮官，一年後被提升為將軍。他曾伴隨哈比布拉國王到過印度。第三次抗英戰爭中，作為阿富汗的一位主要將帥，他立下了赫赫戰功。後來由於他反對阿曼努拉急於推行的改革而失寵，被派到巴黎擔任公使。在巴黎期間，他因病辭職。挑水夫之子在喀布爾推翻阿曼努拉時，他還在尼斯治病。

當喀布爾被攻占的消息傳到巴黎後，儘管身患重病，納第爾還是決定返回阿富汗。他被抬在擔架上上了一艘郵船，於 1929 年 2 月 28 日抵達白沙瓦。他決定前往和斯特發動各部落，而他的兄弟哈希姆則決定前往賈拉拉巴德發動阿富汗群眾。納第爾同吉爾查依人、曼加爾人和賈吉人進行談判，這些阿富汗部落被他說得群情激憤，決心跟隨納第爾向挑水夫之子開戰。

納第爾的運氣最初不佳。他在巴拉基同巴恰·依·沙科的部隊交鋒，卻因吉爾查依人的首領蓋烏斯·烏德·丁的叛變而失利，這位部落首領襲擊了他的後方，迫使他退到蒙古人的地區。7 月 10 日，他又整頓部隊，在洛加爾山谷發起第二次進攻，也被打敗了。巴恰·依·沙科自感實力強大，派兵前往坎達哈，並將該城攻占。坎達哈的守將是阿曼努拉手下的阿裏·阿赫美德·賈恩，他被巴恰·依·沙科生擒，作為階下囚被押到喀布爾。野蠻的巴恰·依·沙科把他的四肢釘在地上，用一根釘子穿透太陽穴而將之弄死。

納第爾連遭失敗，另外他的健康也不佳，但他始終沒有灰心喪氣。7 月，他出版了一份名叫《和平》的週刊進行宣傳。他的呼籲在阿富汗產生了作用，西北邊區的戰士們決定派一支隊伍來支援他，一些部落首領也帶領隊伍參加到納第爾一邊。1929 年 8 月底，納第爾發起了第三次攻勢，於 29 日攻占了加爾狄茲，俘獲了六百名俘虜和一批彈藥。幾乎在同一個時期，哈扎拉人在喀布爾以北三十英里的地方，經過兩次交鋒擊敗了巴恰·依·沙科的部隊。另一方面，杜蘭尼人則一舉攻克了坎達哈城。9 月 18 日，伐齊爾人的部隊在阿里·基爾與納第爾的部隊會合後，經洛加爾山谷向喀布爾進攻，於 10 月 6 日到達恰拉西亞戰場，在那裡與巴恰·依·沙科的部隊進行了最後決戰。巴恰·依·沙科的部隊掘壕扼守著一個堅固的陣地，但被進攻者的佯裝逃跑所欺騙，離開戰壕去追擊。納第爾的部隊突然掉過頭來，攻占了陣地，迫使敵人飛奔逃竄。10 月 10 日，喀布爾被攻占，三天以後，經過一次炮轟，內城堡也被攻占了。納第爾以勝利者的姿態進入喀布爾，受到了人們的熱烈歡迎。各部落首領敦促他接受王位，於是納第爾成了阿富汗的新國王，阿富汗的歷史開始了納第爾王朝時期。

巴恰．依．沙科從喀布爾逃出後，被緊緊地跟蹤追擊。他在路上散發了一把把英國金鎊，有效地阻止了追擊者。到達他的故鄉庫希斯坦後，他決定向納第爾投降，於是他派他的總司令與納第爾談判。可是，出於阿富汗固有的懷疑心，他深恐他的使者只為自己講條件，便尾隨跟蹤，首先向納第爾投降了。納第爾答應饒了他的性命，但部落人民對這個禍國殃民的強盜感到憤怒，再加上巴恰．依．沙科放火焚燒牢房，企圖再度逃走。國民會議判處了巴恰．依．沙科和他的一些主要黨羽死刑。槍斃巴恰．依．沙科時，幾乎每一個部族人民都向他開了一槍。

圖 28：納第爾國王

納第爾登上王位之時，阿富汗全國處於混亂之中，部落戰爭烽煙四起，農業和貿易被嚴重破壞，人民半飢半病，數以千計的人流離失所；政府機構也完全癱瘓，沒有國家機構，沒有警察，國庫中空無一文。更為嚴重的是在戰爭中強大起來的宗教和部落首領不允許任何改革重新登場，他們決心以武力粉碎任何類似阿曼努拉的企圖。

納第爾清楚地了解國內的政治現實。當全國的形勢穩定下來之後，他謹慎地恢復了毛拉們的特權，並把毛拉們最不容忍的法律世俗化和取消面紗的兩項改革予以廢除。他雖然深感改革的必要性，但他認識到「事雖急促，但須慢慢來」的根本重要性。1932 年 11 月 27 日，納第爾國王發表了一個政策宣言：第一，政府建立在伊斯蘭法律原則的基礎上；第二，絕對禁止含有酒精的飲料；第三，建立一所軍事學校和一個製造現代化武器的兵工廠；第四，維持阿曼努拉時期同外國建立的外交關係；第五，修復電報電話線路、改建道路；第六，徵收拖欠的稅款；第七，發展對外貿易關係；第八，促進公共教育；最後，改組國民會議，並任命首相組織內閣，但組閣時必須得到國王的批准。很快，內閣組成了，沙赫·瓦里為首相，沙赫·馬穆德為軍政大臣，同時還任命了一名內政大臣和一名外交大臣。1931 年 10 月，阿富汗新憲法誕生了。該憲法宣布，阿富汗的官方宗教是哈乃裴派伊斯蘭教，國王必須是哈乃裴穆斯林。這意味著其他教派的穆斯林處於被歧視的地位。憲法還規定，王位屬於納第爾家族，王位世襲，國王有權任免首相、大臣和其他官員，擁有宣戰、締和的權力，在緊急情況下可以直接頒布法令；首相對國王負責，地方政府服從於國王和內閣。憲法還規定了地方政府的建制，全國分為九個省，省長由中央任命。1931 年憲法還明確宣布，阿富汗國家的統一不可分割。憲法也規定了公民應該享有的一些權利：公民可擁有財產，可發行報刊，禁止財產充公和強制勞動，年滿二十八歲且居住時間超過一年的男子有選舉權，在政府和法律面前人人平等，公民住宅不受侵犯，取消封建等級制度的殘餘，實行免費教育和小學義務教育。憲法規定設立兩院制議會，上院議員由國王任命，下院議員由選舉產生，議會擁有立法權，但議會產生的立法須經國王批准。

納第爾的改革得到了許多人的支持，甚至得到了一些開明的毛拉們的支持。但是一些激進的知識分子和親阿曼努拉的一些貴族卻強烈地抨擊納第爾對保守勢力的讓步及其對外政策，希望請阿曼努拉回來。一些阿曼努拉時期的駐外使節回到阿富汗後，反對活動進一步加強了。納第爾處死了一些前國王的官員，卻引起了他們的報復，他們展開了一系列恐怖活動。1933 年 6 月 6 日，國王的兄長、駐德國大使阿齊茲被殺，9 月 7 日，一名教師闖入英國駐阿富汗使館開槍打死三人，11 月 8 日，納第爾在一所中學為學生授獎，一名與親阿曼努拉派有聯繫的學生開槍打死了國王。

國王雖然被刺死了，納第爾王朝並沒有被推翻。納第爾是阿富汗最偉大的統治者之一。他既沒有金錢，也沒有追隨者，而且身染重病，僅以單純的個人品質和膽略，他挽救了一個在殘酷的僭位者的暴政下痛苦呻吟的國家，從而免除了很可能長達一個世代的混亂局面。他在繼位後，憑藉著他堅定、機智和善良的特質，終於把和平這個無比珍貴的禮物賜予阿富汗，為全國統一重新奠定了基礎。

第二節　穩健的改革與中立主義：查希爾國王的內外政策

納第爾國王的兒子查希爾·沙赫（Zahir Shan，1914–2007年）被宣布為國王，順利地繼承了王位，這說明納第爾國王建立的這個政府具有相當的穩定性。當然也發生了一些叛亂，但這些叛亂對久已習慣於戰亂的阿富汗來說是微不足道的。在和斯特，有一個被稱為「瘋狂的毛拉」的人向人們宣傳阿曼努拉國王很快就會搭飛機回來，於是他網羅了一些走卒，還得到一部分伐齊爾人的參加，發動了叛亂，但駐紮在馬敦的阿富汗軍隊很快就鎮壓了叛亂者。查希爾的地位現在已經完全穩固下來了。在朝廷中，他還得到了他的叔父——強有力的政治家哈希姆的有力支持。

圖 29：查希爾國王

查希爾是在十分悲痛的情況下繼承王位的。他生於1914年，十歲時隨父親到過法國。在法國讀了六年書，法語學得很好，還會說英語。1930年，他回到阿富汗，第二年與他叔父阿赫美德·沙赫的女兒烏瑪拉公主結了婚，育有兩男兩女，可謂幸福美滿。這一年，他進入喀布爾軍事學院，1932年，被任命為助理軍政大臣。查希爾繼承了他父親的聰明才智。這一點從他對阿富汗軍隊的深切關注、特別是對空軍的關注中得到了證明。他是一位尚武的阿富汗人，喜愛各種體育運動。在他能幹的叔父哈希姆的指導下，他一直在研究阿富汗所面臨的各種複雜的問題。由於他對富人和窮人同樣彬彬有禮，因此博得了阿富汗人民的普遍讚揚。

查希爾繼承了納第爾創造的政府體制，實行君主立憲制。最高立法權掌握在國王、參議院和國民議會手中。參議院由四十五名議員組成，由國王指定，終身任職。而一百零九名國民議會議員則由選舉產生。政府由下列部門組成：軍政、外交、內政、教育、商業、司法、公共工程、稅務、衛生和郵電等部。

查希爾繼承王位時，阿富汗面臨的最嚴重的問題是政府的財政問題，國庫空虛，阿富汗盧比貶值，通貨膨脹嚴重。阿富汗政府的當務之急是改善阿富汗的經濟狀況，增加政府的財政收入。查希爾決定首先改變不平衡的對外貿易狀況。1931 年，經過兩次失敗的試行之後，阿富汗國家銀行終於宣告成立，政府給予該銀行兌換業務的壟斷權。同時在貿易方面組成了由國家控股的聯合股份公司，授予它的專利權有：一、糖和石油產品的輸入；二、代理政府進行購買和出售；三、開採阿富汗所有的礦藏和建立工業企業。阿富汗是一個貧窮的國家，廣大的人民完全依賴農牧業為生，其中許多人還過著游牧生活。政府壟斷的主要出口商品是畜產品農產品，例如羊毛、羊皮和果品。政府採取了許多措施來減少日用品的進口。政府鼓勵自種棉花和甜菜，並由聯合股份公司成立一些工廠製造成衣和食糖。該公司的股東除政府之外大多數是王室成員。政府意欲消滅中間商人，使全部利潤歸於政府和政府下屬的公司。這種政策使白沙瓦的有勢力的富商十分不滿，而且對整個阿富汗的經濟發展也有許多不利之處。另外這時候阿富汗已經修建了許多公路，汽車已經逐漸代替了駱駝運輸，因此汽油的進口在逐年增加。雖然赫拉特也發現了石油，但油田面積小，且離海岸太遠，本地對這項新產品的需求又很小，所以開採價值不大，連美國的石油公司也不願在阿富汗開採石油。總的來說，查希爾的經濟政策還是取得了一些成就，1938 年 12 月，報告表明出口繼續保持原狀，而進口則已經減少，結果，這一年年終獲得盈餘近六百一十二萬盧比。阿富汗政府的財政狀況得到了改善。

查希爾時期的阿富汗在緩慢但卻穩健地向前發展著。查希爾和他的首相哈希姆都能從阿曼努拉的悲劇中吸取教訓，各項改革都在大力卻不魯莽地推進，教育改革取得了長足的進展，高等學校用英語授課；道路的建設也取得了很大的成就，郵政也更加發達，首都和白沙瓦之間每週有六天通郵，道路和郵政把阿富汗所有的重要城市都聯結起來了，這不論對阿富汗經濟的發展還是對阿富汗國家的鞏固與穩定都產生著巨大的影響。一個現代的阿富汗正在形成。

查希爾繼位時年僅十八歲，政府的實際權力掌握在擔任首相的他的叔父哈希姆手中，直到 1953 年，阿富汗的許多內外政策都出自哈希姆之手。1930 年代阿富汗的外交政策與納第爾時期一樣，繼續奉行中立主義的對外政策。同時，爭取外國的經濟、技術和軍事援助開始被列為國家外交的重要目標。在與英、蘇兩國的關係方面，哈希姆繼續奉行不偏不倚的政策。他既不支持杜蘭尼線以東的普什圖部落和印度民族主義者的反英鬥爭，也禁止阿富汗北方的中亞反蘇分子對蘇聯發動進攻。這種政策首先得到了英國的讚賞，它向阿富汗提供了一些輕型武器、飛行教官和用於購買飛機的五十萬英鎊。哈希姆還注意與蘇聯保持正常關係，1935年，兩國簽訂了在邊境地區聯合滅蝗的協議，1936年簽訂了有關進口商品經蘇聯過境的協議，兩國還同意把1931年的中立和互不侵犯條約延長到1946年。此外，蘇聯還幫助阿富汗在北部的幾個城市建立軋棉廠、棉油加工廠、肥皂加工廠等企業。為了謀求安全與發展，阿富汗也積極地發展與其他西方國家以及與穆斯林國家的關係。1934年美國正式承認了阿富汗，1935年美國駐伊朗大使兼任駐阿富汗代表，1936年兩國簽訂了一項友好條約。但第二次世界大戰以前，美國在阿富汗沒有進行過有價值的經濟活動。

1930年代阿富汗與德、日、義等法西斯國家的關係也很密切。德、日、義三國加緊在阿富汗拓展它們的勢力。德國人在阿富汗修建了一些發電廠、工廠和橋梁，同時在阿富汗進行地質調查和科學調查活動，1937年兩國間建立了第一條航空線，1939年兩國簽訂了一項財政與商務協定，規定德國向阿富汗提供長期貸款，用於進口德國的紡織和機電設備，貸款以阿富汗的棉花償還。德國和義大利還參與了阿富汗重整軍備的計畫。日本人則在喀布爾開設了貿易公司，在赫爾曼德河谷修建了一段運河，並接受了一些阿富汗留學生。德、日、義三國雖是法西斯國家，但它們在阿富汗沒有殖民主義的歷史，與這三國發展關係，對於平衡英、在這種險峻的國際形勢面前，哈希姆繼續堅持戰前的中立主義的外交政策，且繼續與蘇聯、英國保持著友好關係。蘇德戰爭爆發前，德國的機器經由蘇聯運到阿富汗，阿富汗的棉花也經同樣的路線運到德國。儘管德、義特務活動頻繁，阿印邊界也相安無事。但在 1940 年冬，英國對阿富汗容忍德、義間諜在阿富汗活動、與德國保持密切關係表示不滿。阿富汗最終拒絕奧托．馮．亨蒂希為駐阿公使，並讓軸心國的大部分僑民分批離開阿富汗。蘇德戰爭爆發後，英、蘇聯合出兵伊朗，並對阿富汗提出在一個月之內驅逐所有德、義的非外交人員。這給阿富汗帶來了巨大壓力。英、蘇兩國的作法引起了阿富汗人民的不滿，哈希姆也認為這是對阿富汗中立政策的侮辱。但阿富汗政府最終採取了一個變通的辦法，即命令所有交戰國在阿的非外交人員離開阿富汗。隨後，國王召開了大國民議會，會議通過的決議認可了政府的行動，並重申了阿富汗的主權和中立政策，宣稱決不允許侵占阿富汗的任何一部分領土，除非萬不得已阿富汗不與任何交戰國合作。在英、蘇答應對德、義僑民的安全提供保證之後，1940 年 11 月德、義僑民全部離開了阿富汗。

戰爭極大地影響了阿富汗的對外貿易。由於蘇德戰爭的爆發，阿蘇貿易於 1943 年終止，結果使阿富汗的進出口總額猛跌，通貨膨脹率急劇上升。另一方面，戰爭中盟軍對軍需物資的需求使阿富汗的出口損失得到了一定的彌補，紐約取代倫敦成為阿富汗紫羔羊皮的出口市場。這種出口為阿富汗戰後發展經濟建立了一定的外匯基礎。

第 IV 篇

當代篇

第七章 *Chapter 7*

戰後初期的內政外交

第一節　馬穆德政府：恢復經濟的措施與民主的試驗

第二次世界大戰結束後，阿富汗的經濟情況非常糟糕，出口貿易下降，工業品匱乏，又由於自然災害而使農業歉收。結果是政府財政緊張，失業增加，黑市猖獗，通貨膨脹，1946 年的通貨膨脹率高達 30%，超過了戰爭年代。經濟問題引起了社會動盪，知識分子們提出了結束獨裁統治、建立民主政治的要求，而一些山區的部落首領則發動了反對政府的武裝叛亂。面對經濟政治方面的這一系列壓力，哈希姆被迫在 1946 年 5 月辭去了政府首相職務，由沙赫．馬穆德（Shah Mahmud Khan，1890–1959 年）親王接任。

馬穆德政府上臺後的首要任務是要穩定國內局勢，為此必須先解決國內經濟形勢惡化的問題，遏制通貨膨脹，使國內經濟的運轉走上正常軌道。政府立即著手解決流通領域的問題。1946

年，政府成立了中央貿易局，壟斷國內紡織品的買賣，並負責在城市中配給紡織品。1947 年又成立了一個特別委員會，專門進行主要生活用品的進口，並負責控制國內生活用品的價格。政府還注意減輕人民的賦稅負擔，例如取消了農民歷年拖欠的稅款，減少了應交稅款的數額，提高了農產品的收購價格，同時讓農民自主決定種植作物的種類，允許他們自由地在市場上出售農產品，馬穆德政府還鼓勵中小資本的發展，取消了一些大公司對進口商品的壟斷權。為了促進阿富汗工業、農業和商業經濟的發展，馬穆德政府還制定了一個發展國民經濟的七年計畫，目的在於改進農業發展的技術水平，促進進出口貿易的發展，同時推動擴大國內民族工業，增加就業，增加國民收入，另外改善政府的財政狀況。馬穆德政府的這一系列措施取得了一定的效果，1950 年，通貨膨脹率下降到 10%，人民生活水平有了一定的改善，政府財政收入也有了增加。

阿富汗是一個經濟落後的農業國家，工業基礎非常薄弱，大部分人口從事農業，還有一部分山區部落則過著居無定所的游牧生活。阿富汗雖是一個農業國，但它的農業經濟也十分脆弱，遇到自然災害，國內農業就無法滿足阿富汗人口的糧食需求，出現糧食短缺的現象。農業方面的主要問題除了農業現代化水平有限之外，還有天候方面的限制。有些地方氣候乾燥，缺雨少水，有些地方又每年都發生洪澇災害。馬穆德政府雄心勃勃，下決心要解決阿富汗農業發展的瓶頸問題，決定在赫爾曼德河流域建立一個大型的水利工程，這個工程的作用除解決長期困擾阿富汗的洪澇災害與灌溉問題之外，還要向阿富汗的工農業生產和人民的日常生活提供用電。1946 年 3 月，阿富汗政府與美國的摩里遜公司達成了修建赫爾曼德河水利工程的協議。工程開始後進展得並不十分順利，其主要問題是缺乏足夠的工程技術人員，並且管理混亂，結果工程沒有進展多少，費用卻直線上升。1948 年，阿富汗政府不得不向美國的進出口銀行申請貸款，後來得到的貸款數額是兩千一百萬美元。阿富汗政府決心改善施工中出現的各種問題，於 1952 年 7 月成立了「赫爾曼德河流域管理局」負責統一協調工程各個方面的管理工作。美國工程師也到阿富汗進行現場指導。最後工程取得了一定的進展，1953 年，阿爾甘達布河水壩和卡賈凱水壩竣工。但整個赫爾曼德河工程仍然沒有完工。

1950 年代初期，國際市場的變化對阿富汗經濟造成了影響，導致阿富汗國內經濟出現了一系列問題。由於許多國家尤其是蘇聯和南非擴大了它們在國際羊皮市場上的出口數額，結果使羊皮的國際市場價格下跌，嚴重地影響了阿富汗羊皮出口收入。加上由於與巴基斯坦的矛盾使阿富汗對東南亞的水果出口也下降了。外貿收入的下降導致了財政緊張，政府靠發行紙幣和增加稅收來解決問題，又引起了一系列嚴重後果，其中包括：人民生活水平的下降、通貨膨脹、失業增加、投資萎縮、政府與私人資本的矛盾增加。

馬穆德以「自由主義首相」而著稱，他立志在政治上改造阿富汗，試圖在阿富汗建立自由議會體制。新政府成立後，立即釋放了許多在押多年的政治犯，從而緩解了阿富汗國內緊張的政治氣氛。1947 年，覺醒青年黨在坎達哈成立，之後它在坎達哈和喀布爾都吸引了大批的知識分子和上層人士參加，形成了相當的規模。該黨以《喀布爾報》為其喉舌，宣傳其綱領，並提出了一些民主主張。覺醒青年黨的宣言宣稱，他們要掃除社會陋習，提高婦女的法律地位，清除腐敗和壓迫的社會根源，促進國內經濟的發展。在民族問題上，覺醒青年黨表現激進，提出要使杜蘭尼線以東的普什圖人擺脫外國的控制而回到阿富汗的懷抱。覺醒青年黨的主張不論對一般的阿富汗民眾，還是對知識分子都有很大的吸引力。1949 年，阿富汗舉行了議會民主選舉，結果使許多思想激進的人被選進議會，這些激進派議員對政府工作的各個方面提出了質詢，引起了很大的社會反響。1950 年 4 月，喀布爾大學的學生成立了學生會，並召開大會提出了新聞自由的問題。民主化運動的發展促使政府採取了更多的民主措施，政府決定取消新聞檢查，允許私人發行報刊。1950 年代初，更多的政黨成立了，它們都有自己的報刊，宣傳自己的主張。其中祖國黨有《祖國報》，覺醒青年黨有《喀布爾報》和《熊熊的火焰報》，人民黨有《人民之聲報》。在國內政治問題上，這些黨派都要求建立民主政治。

民主運動的高漲超出了政府預料的範圍，馬穆德開始用強制手段對付各黨派。1950 年 11 月，喀布爾大學的學生會被取消，人民黨被取締，所有黨派的報刊均被查封。就是在這種前提之下，1952 年 4 月，阿富汗舉行了新的議會選舉，結果是自由派人士無一當選。為此激進派在喀布爾組織了阿富汗歷史上第一次聲勢浩大的示威遊行，抗議政府壓制民主、操縱選舉的卑鄙行徑。結果示威遊行遭到了政府的鎮壓，三十多名遊行者遭到逮捕，阿富汗的第一次民主試驗宣告結束。

第二節　依附蘇聯：達烏德的外交政策

馬穆德政府的各種政策失誤導致了統治集團內部矛盾激化，1953 年 9 月，中央軍團司令穆罕默德·達烏德（Mohammad Daoud，1909–1978 年）親王發動了一場宮廷政變，推翻了馬穆德政權。達烏德出任首相，開始了阿富汗歷史的另一個時期。達烏德早年留學法國，後又在喀布爾軍事學院學習，畢業後擔任了南方幾個省的省長兼駐軍司令。在馬穆德政府中他先後出任內政大臣和國防大臣。

馬穆德政府時期，阿富汗繼續奉行戰時的中立外交政策，但以美國作為阿富汗外交的支柱，與美國的關係可以說很密切，與蘇聯的關係卻很冷淡。達烏德上臺後，仍然希望與美國保持一種特殊關係。但美國人的作法卻令阿富汗領導人既憤怒又擔憂。1955 年 11 月，阿富汗要求美國為它的第一個五年計畫提供一億美元貸款時，美國毫不猶豫地拒絕了。同年，阿富汗與巴基斯坦在普什圖尼斯坦問題上發生了爭執，巴基斯坦終止了阿富汗的過境貿易。當時正值阿富汗水果的收穫季節，阿富汗政府請求美國幫助建立一條通過伊朗的新的過境貿易線，遭到了美國和伊朗的拒絕。達烏德上臺以來，美國一直拒絕給予阿富汗軍事援助，卻要求阿富汗加入以美國為首的軍事集團。與此相反，伊朗和巴基斯坦卻能不斷得到美國的經濟和軍事援助，而且這兩個國家也加入了「巴格達條約組織」(Baghdad Pact)。與美國外交的現狀使阿富汗領導人感到憤憤不平，於是達烏德決定轉而向北方鄰邦求助。

蘇聯領導人這時也正注視著阿富汗。赫魯雪夫（Nikita Khrushchev，1894–1971 年）正在全世界與美國進行冷戰，他要在中東打破美國的包圍，確保南翼的安全，加強與阿富汗的政治經濟關係，就可以防止阿富汗成為美國的勢力範圍，削弱美國在中東的影響；同時，蘇聯可以阿富汗增加它對中東國家和第三世界的影響力，還可以借此向巴基斯坦和中國施加壓力。

各式各樣的情勢都促使阿富汗和蘇聯迅速地走到了一起。1955 年，蘇聯同意阿富汗通過蘇聯運送水果；1955 年 2 月，赫魯雪夫和布加寧（Nikolai A. Bulganin，1895–1975 年）訪問了喀布爾，答應為阿富汗的第一個五年計畫提供一億美元貸款，並公開表示支持阿富汗在普什圖尼斯坦上的立場。蘇聯和阿富汗的特殊關係就此開始。之後，蘇聯向阿富汗提供了大量的經濟和軍事援助，其中經濟援助的領域包括交通運輸、石油天然氣的開採、水電廠的建設、水利工程的修建等。1956 年 7 月，蘇聯向阿富汗提供二千五百萬美元的軍事援助，主要是蘇聯和東歐國家向阿富汗提供飛機、坦克等各類軍火。蘇聯也派遣軍事顧問到阿富汗幫助進行軍事訓練，並接受阿富汗青年軍官到蘇聯學習。

蘇聯在阿富汗的所作所為引起了美國的不安，促使其調整了對阿富汗的政策，增加了對阿富汗的援助。首先在美國的敦促下，巴基斯坦與阿富汗於 1957 年簽訂了航空協定，1958 年雙方又簽訂了貿易過境協定。1950–1959 年，美國共向阿富汗提供經濟援助一點四六億美元，其中贈款占 64.6%，其用途主要是幫助阿富汗進行交通、赫爾曼德河水利工程、教育和油氣開發等方面的建設。此外美國也派遣人員到一些阿富汗政府部門工作，幫助阿富汗進行行政改革。美國還向阿富汗提供了一部分軍事援助。美國對阿富汗的援助是為了削弱蘇聯在阿富汗的影響，使阿富汗保持獨立的中立地位。美國對蘇聯在阿富汗的特殊地位有所認識，也不指望阿富汗成為它的盟國，但它不願看到阿富汗徹底倒向蘇聯的懷抱。美國的援助有助於防止阿富汗成為蘇聯集團的一員。

1960 年代初的國際形勢和阿巴關係的變化又一次使阿富汗向蘇聯靠近，阿美關係再次出現波折。1960 年底，阿富汗要求美國為它的第二個五年計畫提供三點五億美元的援助，美國遲遲不做答覆。從 1960 年到 1961 年，阿巴邊境多次出現衝突，最後導致兩國斷絕了外交關係，巴基斯坦還對阿巴邊境進行了為期兩年的封鎖，使阿富汗的水果出口再次面臨困境。這種情況下，阿富汗只好再次求助於蘇聯。而蘇聯方面迫於在「中央條約組織」（CENTO, Central Treaty Organization，原為巴格達條約組織）的壓力，也急於與阿富汗進一步加強關係。1961 年 9 月，阿富汗外交大臣納依姆訪問莫斯科，蘇聯方面立即答應為阿富汗的水果建立一條空運線，並為阿富汗提供四點五億美元的援助。後來，蘇聯軍事代表團又訪問了喀布爾。由於與蘇聯建立了良好關係，阿富汗與蘇聯集團的國家的關係也取得了很好的發展。阿富汗在這一時期得到了捷克斯洛伐克、東德在貿易、軍事、工業建設方面的各種幫助，促進了阿富汗經濟的發展。

達烏德不願完全依賴蘇聯，因此他非常重視發展與發展中國家的關係。阿富汗與伊朗的關係在 1960 年代有了很大的改善；阿富汗還與印度保持著良好的經貿關係，兩國共同反對加入兩大軍事集團，主張在國際政治中的中立和不結盟；另外，阿富汗與埃及、印尼、土耳其也保持著友好往來。阿富汗參加了 1955 年的萬隆會議和 1961 年在貝爾格勒召開的第一屆不結盟國家首腦會議，阿富汗從而成為國際不結盟運動的創始國之一。與第三世界國家關係的發展進一步提高了阿富汗的國際地位，也有助於阿富汗擺脫過分依賴蘇聯的境地。

達烏德時期的外交政策基本上仍然是中立的，但它的特點卻是對蘇聯的依賴。這種外交政策帶來的好處是它刺激美國也增加了對阿富汗的援助，從而阿富汗可以從美、蘇兩國同時得到外交利益。但對蘇聯的過分依賴卻嚴重地影響了阿富汗的獨立，對阿富汗的安全形成了威脅。後來蘇聯入侵與達烏德時期開始的依賴蘇聯的政策有直接關係。

第三節　兩個五年計畫：達烏德時期的阿富汗經濟

達烏德從蘇聯和土耳其經濟的巨大成就中受到啟示，決定加大政府在國民經濟發展中的作用，加強政府干預經濟的職能，以促進阿富汗經濟的迅速發展。

1956 年 2 月，阿富汗政府制定了一個「有指導的經濟計畫」，其目標是增加國民生產、保證就業和提高阿富汗人民的生活水平。1956 年 8 月，政府又編制了發展國民經濟的第一個五年計畫，其目標是「為提高人民的生活水平創造條件」。第一個五年計畫預算投資總額為九十三點五億阿尼，其中農業占 12.8%，交通運輸占 53.9%，工礦業占 28.9%，衛生教育占 4.3%；五年內國民經濟增長 18–20%。該計畫的重點是發展包括交通運輸、能源和水利設施在內的基礎設施；另外，政府也重視工業品的進口替代和農業產品出口的擴大。由於國內資金缺乏，計畫投資中外援占了絕大多數，達到 71.5%。1961 年 4 月，政府頒布了第二個五年計畫草案，1962 年又通過計畫的正式文本。第二個五年計畫的經濟目標是使阿富汗經濟進入起飛階段。預計投資為二百四十六點五億阿尼，其中農業占 17.9%，交通運輸占 39%，工礦業占 34.1%。基礎設施仍占首要地位，但工礦業的投資比例顯著上升了，計畫甚至提出發展煤油、鋼鐵和化學工業。

為了加速發展國民經濟，也為了更好地執行國家的經濟職能，充分發揮國家對經濟的干預作用，阿富汗對政府機構進行了調整。達烏德政府初期，阿富汗取消了國民經濟部，而設立了工礦業部、農業部、商業部和計畫部來執行它的職能，從而使阿富汗政府機構的設置能夠適應經濟發展的需要；國家設立了國營工農銀行、阿富汗商業銀行和工業信貸銀行，向農民、工商業主和國有工業中長期貸款，這就打破了國民銀行對金融的壟斷，削弱了它在阿富汗經濟中的主宰地位。

兩個五年計畫取得了很好的成效。1953–1962 年，阿富汗的國民經濟總值年平均增長率是 2.4%。農業方面，由於許多水利工程的修建，擴大了灌溉面積，加上農業生產技術和農業機械化水平的提高，阿富汗的農業生產有了很大的發展，糧食產量有了很大的提高。工礦業的發展則更為迅速，除了發展毛紡織、製糖、罐頭和電力等傳統工業部門外，還新建了一批新的工業部門，其中包括人造纖維、麵粉、水泥、機械工業等。到 1961 年，阿富汗境內已經有了七十多家工廠。這些工廠大多數是蘇聯集團幫助建立的，且多數為國營企業。交通運輸業的發展也比較快，縱橫交錯的公路網已經把阿富汗的各個城市聯結起來，汽車已經完全代替駱駝成為阿富汗境內的主要運輸工具。航空運輸也取得了一定的發展，1960 年代初的阿富汗已經有六個國內機場和兩個國際機場。交通運輸條件的改善促進了國內貿易和對外貿易的發展，阿富汗更加從經濟上聯結成一個不可分割的整體。總之，達烏德時期政府對經濟的強烈干預對國民經濟的發展起了巨大的作用，阿富汗的農業、工業、交通運輸業、貿易都取得了一定的發展。同時，阿富汗的經濟體制也形成了顯著的政府干預型的特點。

我們當然不能對阿富汗這一時期的經濟成果做過高的估計。雖然達烏德時期阿富汗的經濟取得了一定的發展，但阿富汗經濟總體落後的局面並沒有徹底改變。農業機械化水平非常有限，農業技術仍然以手工為主，大多數農民仍然依賴畜力進行耕作；工業方面占主導地位的還是手工業，但這時阿富汗的手工業由於受到國內的和國際的大工業的排擠，而處於非常不利的境地。阿富汗還有大量的部落過著逐水草而居的游牧生活，這種生活方式一般被認為是一種落後的表現。1954–1956 年，政府曾在赫爾曼德河谷修建了一批定居點，為游牧部落創造定居條件。然而由於游牧部落不懂農耕技術，再加上土地貧瘠，這項使游牧部落定居的計畫最終破產。以後政府又進行過幾次定居計畫，也都失敗了。但水利工程的建設增加了澆灌面積，吸引了一部分游牧民，工程建設和城鎮的發展也使一些游牧民定居下來。

經濟的發展引起了社會結構的變遷，其中最重要的是知識分子、中產階級、勞工階級等新的社會力量不斷壯大。知識分子包括專業人員、教師、軍官、宗教領袖和政府官員，這部分人在 1960 年代初的總數是八千至一萬人，他們是阿富汗民主運動的主要推動力量，而軍官和官僚階層則是達烏德統治的主要支柱。產業工人階級的人數在 1949 年為三點五萬人，1963 年這個階層的人數增加到十八萬人。阿富汗產業工人的特點是他們主要集中在大城市和大企業，且有很大的流動性。工人的工資很低，而且政府法令對他們的人身自由有許多限制，例如禁止他們自由擇業。

達烏德的經濟政策和社會政策促進了阿富汗經濟的進步和資本主義生產關係的發展。部分地擴大了政府的統治基礎。但達烏德面臨的問題也很多，大資產階級、部落首領、大地主和毛拉們對政府的不滿日益嚴重，政府的獨裁統治又使知識分子感到失望。達烏德的獨斷專行也令國王十分不滿。1963 年，國內經濟由於阿巴爭端影響了出口而日益惡化，物價暴漲，民怨載道，在王室的壓力下，達烏德被迫於 1963 年 3 月下臺。

第八章 | Chapter 8

動盪與變化的十年：1963–1973 年的阿富汗

第一節　阿富汗社會的十年變遷

達烏德被迫辭職之後，國王查希爾任命原工礦大臣穆罕默德·尤素福（Mohammad Yusuf，1917–1998 年）為過渡政府首相，尤素福是阿富汗第一個平民出身的首相。同時，查希爾國王也開始在阿富汗親政。不論是查希爾國王還是尤素福首相都雄心勃勃，立志要使阿富汗迅速走上現代化之路，他們很快恢復了與巴基斯坦的外交和貿易關係，並制定了旨在推動阿富汗經濟現代化的第三個五年計畫。

1965 年 3 月，尤素福在一項政策性的聲明中指出，阿富汗的新的經濟政策是「有指導的混合經濟」，國家的經濟計畫必須符合這一原則；經濟計畫的主要目的是保證國家與私人企業的合作；促進國民經濟各部門的有效發展；政府要保持國營經濟在重工業中的主導地位，鼓勵私人資本在輕工業領域的發展。由於前兩個五年計畫已經在基礎設施建設方面取得了很大成就，政府經濟計畫的重點將轉向生產部門。1967 年阿富汗開始實施第三個五年計畫，該計畫總投資額為一百九十點二億阿尼，其中農業占 34.9%，工礦業占 30.8%，交通運輸為 11.8%，社會服務為 11.9%。其中農業投資所占的比例最大，其目的在於實現阿富汗的糧食自給。整個五年計畫的目標是全面推進工農業生產的發展，提高人民的生活水平。

第三個五年計畫的實施也取得了巨大的成效。農業方面又修建了一些水利工程，其中包括赫爾曼德河水利工程的繼續修建和南格哈爾、帕爾旺水利工程的新建。這些水利工程的興建進一步提高了農業生產條件，尤其是擴大了澆灌面積，增強了農業生產的經濟效益。這一時期，阿富汗的農業機械化水平也有所提高，1973 年初阿富汗的拖拉機數量達到九百臺左右，但在整個阿富汗這些拖拉機耕作的面積只占到總耕作面積的 10% 左右。由於農業機械化的進展緩慢，政府就加大力度推廣品種改良和化學肥料。工業領域發展速度最快的是天然氣的開採，1967 年在蘇聯的幫助下第一個天然氣田開始開採，天然氣成為阿富汗最主要的出口商品，天然氣的年產量逐年增加，1971 年的產量是二十六點三五億立方公尺。第三個五年計畫期間，阿富汗的私人投資也有很大的發展，在政府的鼓勵下一系列新的私人企業建立起來了，這些私人企業涉及電力、化肥、自行車、建築材料、紡織等行業，阿富汗的國內紡織業已經能夠滿足本國的需求。道路的建設和交通設施日益完善，為阿富汗旅遊業的發展創造了基礎，每年到阿富汗旅遊的國際遊客達十萬多人次，旅遊業年收入平均達到六千～七千萬美元。

國民經濟的發展改變了阿富汗的社會經濟結構，農業在國民經濟中的比重下降，其他產業的比重則有一定的上升。1953 年，農業在整個國民生產總值中的比重是 72%，1972 年則下降到 4.56%。經濟的發展推動了城市化，阿富汗人口的流動不斷加強，游牧的普什圖人從 1930 年代以來就逐漸地向北部新開墾的農業區移動，現在這種移動則更頻繁了。由於城市化的發展和城市中更多就業機會的提供，農牧民們也大量地湧進城市，城市人口增長非常快，首都喀布爾的人口 1947 年是十五萬，1970 年增加到近六十萬。移民與城市化的發展導致阿富汗社會發生了另一方面的重要變化，這就是部落和氏族紐帶的不斷削弱和瓦解，而民族和國家的認同進一步加強。不論是游牧的還是定居的普什圖人原來都屬於一個部落和氏族，部落和氏族是普什圖人的基本社會組織，這在阿富汗已經存在了上千年，在這種部落制度之下，阿富汗人缺乏國家觀念，這也許是阿富汗長期能被外族統治的原因之一。現在，游牧的南方普什圖人移居到北方的新墾區過著定居生活，而另一部分普什圖人則在城市找到了謀生方式，所有遷移到新的環境中的普什圖人都離開了他們原來依賴的部落和氏族，部落和氏族也因此處在了瓦解之中。國家觀念則逐漸取代了部落和氏族觀念。

查希爾國王和尤素福首相都很重視教育。隨著社會和經濟的發展，阿富汗的教育水平也有了很大的提高。1957 年，阿富汗有各級各類學校八百零四所，1972 年，學校總數則達到三千九百六十三所；1957 年的中小學生總數約十二萬六千人，大學生約八百七十人，教師約四千人；而到 1972 年，中小學生總數達到七十一萬一千多人，大學生總數達到八千四百多人，教師為二萬七百多人。阿富汗的學校包括普通中小學、師範學校、宗教學校和高等學校， 高等院校主要是喀布爾大學和 1962 年建立的南格哈爾大學。阿富汗的所有學校教育都是免費的，這有利於貧困家庭的子女接受教育，從而改變他們的處境。教育的發展引起了一系列重要的社會後果，阿富汗人的文化水平和識字率都有了很大的提高，知識分子的隊伍也得以不斷地擴大。教育的發展還推動了大眾傳媒的發展，尤其是城市中報刊的數量猛增，報紙成為知識分子中傳播信息和思想的主要手段。廣大農村地區獲得信息和了解外部世界的主要工具是收聽廣播。從 1960 年代初到 1970 年代初，阿富汗人私人擁有的收音機從六點三萬臺增加到二十四點八萬臺；政府還在各城鎮安裝了喇叭；喀布爾電臺每天用波斯語和普什圖語進行十一個小時的播音。

總之，1960 和 1970 年代前半期，阿富汗的經濟、教育、文化都有了一定的發展，城市化也有了長足的進步，隨著經濟發展而不斷增加的人口流動則進一步打破了部落紐帶，更多的農牧民投身到新的職業和新的社會關係之中，從而也具有了新的思想觀念。這一系列社會變化同時也為政治動盪埋下了伏筆，最終導致阿富汗發生了革命。

第二節　塔拉基和卡爾邁勒：動盪的政局

1960 和 1970 年代是阿富汗社會各個方面發生巨大變化的時期，這一時期的阿富汗，不但經濟上有了很大的提高，而且社會經濟結構、階級結構和思想觀念也在發生著激烈的變化，尤其是教育的發展使知識分子的隊伍和力量都得以加強，激進的知識分子的政治活動使阿富汗原來的統治基礎發生了動搖，引起了政治上的動盪。這一時期阿富汗的政治運動的特徵是民主化，由於阿富汗鄰近蘇聯，各方面受蘇聯的影響較大，因此這一時期阿富汗的民主運動又有許多共產主義的特徵。塔拉基和卡爾邁勒正是在這種背景下登上了阿富汗的政治舞臺。

努爾．穆罕默德．塔拉基（Nour Mohammad Taraki，1917–1979 年）於 1917 年出生於伽色尼省的吉爾查依部落的一個半農半牧家庭，讀過小學，年輕時在商行做過職員，1939 年他先後在商業部和工礦部等政府機構中當差，1952 年被政府派往阿富汗駐美國使館擔任新聞專員。在美國期間他發表了一些抨擊國內政治的言論，結果被革去職務。之後他遊歷了蘇聯和東歐，對共產主義與馬克思主義有了深入的了解，與蘇聯共產黨建立了聯繫，並開始發表宣傳馬克思列寧主義的作品。1955 年以後他又先後在聯合國駐阿機構和美國駐阿使館中工作。

巴布拉克．卡爾邁勒（Babrak Karmal，1929–1996 年）出生於喀布爾的一個高級軍官家庭，屬塔吉克族。卡爾邁勒在喀布爾解放中學的成績雖然一般，但正是在這所中學裏，他受到了德國教師的納粹思想和其他激進思想的感染。1951 年，卡爾邁勒進入喀布爾大學法學院。1952 年因參加反政府遊行示威而被捕，1956 年獲釋後回到喀布爾大學繼續學業，並於 1960 年畢業。畢業後他曾在政府教育部和計畫部工作。他熱心政治，積極地擴張自己的勢力。

1965 年 1 月 1 日，塔拉基和卡爾邁勒等人在塔拉基家中召開會議，正式宣布成立人民民主黨 (PDPA, People's Democratic Party of Afghanistan)，塔拉基當選為黨的總書記，卡爾邁勒當選為中央書記。從人民民主黨的綱領看，該黨完全是一個共產主義性質的政黨。該黨黨章稱 :「人民民主黨是阿富汗最高的政治組織和工人階級與所有勞工的先鋒隊。人民民主黨的意識型態是馬克思列寧主義的實踐經驗。」人民民主黨的成立使阿富汗的政治出現了大動盪。

查希爾國王順應阿富汗各階層人民的要求，決定在阿富汗實行憲政。1964 年 9 月，在國王和首相尤素福的支持下，阿富汗大國民議會召開，討論新憲法草案。會議審議並通過了新憲法。10 月 1 日，查希爾國王簽署後，新憲法生效。新憲法在許多方面都使阿富汗朝著民主的方向邁進了一步。該憲法強調國家政體的三權分立原則和司法的獨立性；憲法也加強了國王的權力，規定國王可以隨意解散議會，議會通過的法律須經國王簽字後才能生效；為了保持阿富汗政治的穩定，憲法限制了王室成員的政治權力，規定王室成員不得擔任首相、大臣、議員和最高法院法官；憲法也規定了民眾應享受的一系列政治權利，如言論、選舉、私人辦報等，該憲法還給予婦女選舉權和被選舉權。

新憲法產生後的第二年7、8月間，阿富汗進行了新的議會選舉，人民民主黨的卡爾邁勒等四人當選為議員。人民民主黨議員對尤素福政府提出了激烈的批評。卡爾邁勒甚至煽動了許多學生占領議會的旁聽席，使議會無法正常議事。10月25日，議會被迫祕密開會，但仍有數千名學生在人民民主黨的煽動下在議會大廈前遊行示威，結果軍隊前來鎮壓，當場打死學生三人，打傷幾十人。這就是阿富汗歷史上有名的「八．三」事件（這一天是阿曆8月3日）。這次事件說明，人民民主黨需要的並不是民主，它的真正目的也不是要推動阿富汗的民主，而是要利用各式各樣的手段奪取政權，它甚至不準備通過議會道路獲取政權。

塔拉基和卡爾邁勒雖然共同創立了人民民主黨，但兩人之間的矛盾卻很激烈。卡爾邁勒嫉妒塔拉基在黨內的地位；兩人的政治主張也不同，卡爾邁勒主張通過議會和學生運動來達到目的，塔拉基則主張以更激進的方式奪取政權。圍繞兩人，黨內形成了兩大政治派別，卡爾邁勒周圍有海勃爾和阿娜希塔等人，這些人主要來自阿富汗的一些官僚家庭；支持塔拉基的主要人物是哈菲祖拉．阿明（Hafizullah Amin，1929–1979年）等人，這一派的人員基本上來自於普什圖社會的下層。1967年6月，人民民主黨最終分裂，卡爾邁勒一派因以《旗幟報》宣傳其主張而被稱為「旗幟派」，塔拉基一派因以《人民報》為其理論陣地，被稱為「人民派」。除了人民民主黨的兩大派別之外，1960年代的阿富汗還出現了其他一些政治組織，這些組織不論其階級基礎還是政治主張都有很大的差異，例如，1964 年成立的火焰黨也是一個具有共產主義性質的政黨，它主張通過武裝鬥爭奪取政權；進步民主黨主要代表中小資產階級的利益，主張各階級和平共處、進行土地改革和君主立憲制；穆斯林青年會則主張建立伊斯蘭政府。

1960 年代後半期，阿富汗的政治特徵是工人和學生運動頻繁發生、此起彼伏。這時，由於外援的減少導致阿富汗經濟惡化，物價上漲，失業增加，又由於這時出現的世界大規模的學運風潮影響了阿富汗，阿富汗的工人罷工、學生罷課、示威遊行不斷發生，甚至婦女們也參加到了遊行示威的行列中。政府對這些學潮和工潮進行了無情的鎮壓，取締了許多激進派的報刊，但不能阻止國內政治局勢的進一步惡化。1970、1971 年，阿富汗發生了歷史上前所未有的旱災，糧食歉收，小麥價格大幅度上升，農民被迫背井離鄉，到處乞討。雖然國際社會進行了一些援助，但杯水車薪，無濟於事，再加上政府官員的腐敗，廣大民眾的生存受到嚴重威脅。在這種背景下，阿富汗內閣幾經更換，但都無法解決緊迫的經濟問題。各政黨更是借機積極地展開政治活動，人民派、旗幟派、進步民主黨以及前首相達烏德都在積極地準備發動政變，以武力奪取政權。蘇聯一直把阿富汗看成它的勢力範圍，力圖這時候在阿富汗扶持一個完全聽命於自己的傀儡政權，經過周密的考慮之後，克里姆林宮決定支持旗幟派發動政變。查希爾王朝的末日即將來臨。

第三節　查希爾國王：外交政策的調整

查希爾在阿富汗親政的十年期間，全球政治舞臺上也正在發生著劇烈的變化。布里茲涅夫 (Leonid Brezhnev) 於 1964 年上臺後，主張與美國緩和，美國也在全球範圍內進行戰略收縮，於是國際範圍內的冷戰氣氛有所緩解。同時，美國和蘇聯兩大集團內部的離心傾向日益明顯，兩大集團有分崩離析之勢，加上日本和西歐的崛起、第三世界作為一個獨立的國際政治力量的加強，整個國際格局從美蘇為主的兩極格局向多極格局的方向發展。國際政治局勢的變化對阿富汗的外交政策產生了重要影響，阿富汗領導人在這一時期對阿富汗的對外政策進行了相應的重大調整。

達烏德時期，阿富汗雖然是一個中立國家，甚至是一個不結盟的國家，阿富汗沒有加入兩大軍事集團，但是在中立的前提下，阿富汗卻嚴重地依賴蘇聯，與蘇聯保持著更為密切的關係，達烏德更是以「紅色親王」著稱。達烏德的下臺和查希爾國王的親政，為阿富汗改善與西方及其亞洲盟國的關係掃除了障礙，查希爾國王和新首相尤素福都迫切希望改變以往過分依賴蘇聯的現狀，真正確立阿富汗在國際政治中的中立地位，發展一種多元化的外交。

查希爾國王首先改善了阿富汗與第三世界國家的關係，尤其是改善了與阿富汗的鄰邦巴基斯坦和伊朗的關係。阿富汗與伊朗首先停止了相互的廣播攻擊，接著又停止了邊境地區的衝突。1963 年 5 月，兩國簽訂了一項有關恢復邦交、開放邊境和過境貿易的協定。1965 年，第二次印巴戰爭爆發時，阿富汗嚴守中立。1970 年，巴基斯坦頒布新憲法，給予各省很大的自治權，巴基斯坦境內的普什圖人接受了新憲法，放棄了獨立的要求，轉而尋求在巴基斯坦內的自治。這使阿富汗開始改變它在普什圖尼斯坦問題上的立場，長期以來嚴重影響兩國關係的一個很大的紐結逐漸解開。1970 年第三次印巴戰爭時，阿富汗依然保持了中立。阿富汗與伊朗的關係也大有改善，兩國開始尋求解決關於赫爾曼德河水資源方面的糾紛，經過了一段時間的談判後，1973 年 3 月，雙方簽訂了關於赫爾曼德河水資源分配的條約，解決了兩國之間延續百年的河水爭端。之後不久，伊朗開始向阿富汗提供援助。另外，這期間兩國的貿易關係也有很大的發展。此外，阿富汗與土耳其、印度、埃及、伊拉克的關係也維持得十分良好。

查希爾國王親政後，美國和蘇聯對阿富汗的援助都急劇減少。過去，美援占阿富汗全部外援的三分之一，1967 年下降到五分之一，1969 年更是下降到 3%。同時，蘇聯的援助也是急劇減少。在這種情況下，查希爾國王只好尋求加強與西歐、日本及中國的關係，以求從這些國家獲得援助。1967–1968 年度，西德向阿富汗提供援助七百六十四萬美元，1968–1969 年度，援助六百四十七萬美元，其援助項目為電廠、電訊、教育和行政等。法國也向阿富汗提供了巨額援助，援助領域包括教育、棉花生產與加工等。1963 年以後，中國也開始向阿富汗提供援助，1964 年 10 月，查希爾國王攜王后訪問北京；1965 年 3 月，陳毅訪問喀布爾時與阿富汗簽訂了〈中阿經濟技術協定〉，根據該協定，北京向阿富汗提供了一筆長期無息貸款；1964 年 4 月，劉少奇訪問了阿富汗，阿富汗與北京的關係達到了高峰；兩國之間在經貿、技術領域的合作也取得了良好進展。

雖然蘇聯對阿富汗的援助下降了，但仍然是阿富汗的第一大援助國，1963–1972 年，蘇聯對阿富汗的經濟援助總額為四點七六億美元，軍事援助為四點五五億美元。援助項目主要包括天然氣田的建設、輸氣管道的建設、發電廠的建設以及教育方面的建設等，軍事方面則向阿富汗提供裝備，並為阿富汗培訓軍官等。阿富汗與蘇聯的貿易關係也發展很快，阿富汗 100% 的天然氣、95% 的棉花、90% 的羊毛和 50% 的皮革都輸出到蘇聯和東歐國家，而阿富汗從這些國家輸入的商品則主要包括紡織品、小麥、食糖、石油產品和汽車。雖然兩國領導人的高層互訪也比較頻繁，但阿富汗還是嚴守中立立場，拒絕加入蘇聯倡議的「亞洲集體安全體系」。

儘管美國對阿富汗的援助下降了，但為了平衡蘇聯對阿富汗的影響，查希爾國王還是積極地發展與美國的關係。1963 年 9 月，查希爾國王和王后訪問了華盛頓，受到了熱情接待。美國在雙方發表的聯合公報中表示尊重阿富汗的不結盟和中立地位，尊重阿富汗的獨立與國家統一。1967 年，美國與阿富汗簽訂了一項農產品銷售協定。這期間，美國的一些高層領導人也多次訪問了阿富汗。

查希爾國王親政十年奉行的外交政策更加傾向於多元化，這有利於減少阿富汗對某些大國的過分依賴，提高阿富汗的國際地位和聲望。的確，阿富汗的中立政策使它作為國際不結盟運動的一員積極活動在國際舞臺上，阿富汗在國際政治中的形象和地位都得到了很大的提高。但是，蘇聯歷來把阿富汗看成是它的勢力範圍，阿富汗的中立外交政策引起了莫斯科的嚴重關注，它不容阿富汗出現離心傾向，而阿富汗國內動盪的政局又為蘇聯扶植親蘇政權提供了機會。

第九章 | *Chapter 9*

達烏德東山再起：阿富汗共和國

第一節　達烏德政變與阿富汗共和國的建立

查希爾國王的政治和經濟措施造成了政局的不穩和民眾的不滿，加上 1970 年代初期的自然災害，民眾的生活水平更是受到了嚴重影響，國內的各種政治勢力都蠢蠢欲動，打算發動政變，推翻查希爾國王，達烏德就是其中之一。達烏德自從下野之後就沒有停止過政治活動，他與許多政府官員和軍官們一直保持著聯繫，1969 年以後，他經常與旗幟派成員聚集，討論國內的政治局勢，所以旗幟派又被稱為「達烏德的旗幟派」。1970 年代初，隨著國內局勢的惡化，達烏德認為他奪權的時機到來了。

1973 年 6、7 月間，國王查希爾前往倫敦和羅馬治療眼疾，國內空虛。7 月 17 日夜，駐紮在首都近郊的一個裝甲師裡的一批軍官以操練獨立節軍事檢閱的名義將軍隊和坦克開進喀布爾市內，向王宮進軍。這些軍官與達烏德有著密切的聯繫，並深受蘇聯影響。政變的軍隊和坦克不但包圍了王宮，而且包圍了中央軍團司令、國王的女婿瓦利的住宅。經過幾個小時的槍戰之後，政變部隊取得了徹底的勝利，他們占領了王宮，俘虜了瓦利。第二天凌晨 7 點，達烏德用廣播向全國民眾發表了一次講話，宣布政變成功，查希爾王朝被推翻。

達烏德在廣播講話中宣稱，查希爾國王實行的憲政實際上不是民主，其憲政所依賴的是個人和階級的私利，君主立憲變成了最卑鄙的獨裁統治，導致了國家的無政府狀態，結果是經濟、社會、政治和行政的全面崩潰。阿富汗的軍隊和其他愛國者對此深感憂慮，因此他們發動了這次政變，推翻了腐敗政權的統治，決定建立新的共和國政權。達烏德指出，阿富汗的繁榮進步有賴於建立真正的民主制度，這個民主制度將保證阿富汗全體民眾的利益和國家的主權。達烏德還宣布，新政權將不參加任何軍事集團，繼續奉行獨立的中立外交政策；新政府還將實行經濟國有化、土地改革和發展經濟的七年計畫。

政變成功的當天，達烏德就將阿富汗王國改名為阿富汗共和國，並宣布廢除 1964 年憲法，解散國會，取締所有非政府報刊。達烏德出任總統，政府的行政工作則由中央委員會負責，而中央委員會則主要由旗幟派文人和軍官組成，操縱中央委員會的是達烏德、海勃爾、卡爾邁勒和阿娜希塔。政變後建立的阿富汗共和國政府，基本上是親蘇的激進勢力、達官貴人和前王室成員組成的。1973 年 8 月，內閣代替人民委員會行使政府權力，達烏德一人擔任了總統、總理、國防部長、外交部長等要職，副總理和其他政府重要職位則被旗幟派的軍官和文人瓜分。達烏德和旗幟派壟斷了政府權力。

達烏德政權建立後，對許多不肯合作的前政府官員給予無情的殘酷鎮壓。前首相梅文瓦和許多其他前政府官員被捕，罪名是他們「組織陰謀叛亂集團」。結果有五人被判處死刑，更多的人則被判處了刑期不等的徒刑。梅文瓦則不明不白地死於獄中，達烏德宣布他為自殺身亡。但他很可能是被過激的守衛警察殺死的。達烏德總統非常驚駭，他加強了對自己的護衛，趕走了隨從中不可靠的左翼分子。許多人相信梅文瓦之死是左翼分子一手策畫的，因為梅文瓦是阿富汗少數幾個享有國際聲譽的政治家之一，在以後的民主進程中可能會成為領袖，因而是一個主要的消滅對象。穆斯林青年會遭受的打擊也很沉重，他們曾在巴達赫尚北部發動了一次暴動，之後它的許多重要領袖遭到了監禁和殺害，許多人逃到了巴基斯坦。

人民派最初對政變表示支持，要求達烏德清除政府中的腐敗官僚，建立一個包括人民派在內的廣泛吸收各進步黨派的政府，但未能如願。後來人民派又向達烏德提出，讓人民派的成員取代旗幟派在政府中的職位。但不論是達烏德還是旗幟派都對人民派的呼聲視而不見，卡爾邁勒甚至要求人民派解散，他認為革命已經成功，人民派繼續活動等於反對革命、反對民主。所以人民派對達烏德政權存在著極大的不滿。除了達烏德之外，國內許多政治派別對達烏德和旗幟派的獨裁也心存不滿。新政權並不穩固，國內局勢也沒完全穩定下來。

旗幟派在鎮壓進步民主黨和穆斯林青年會的活動中大顯身手，但厄運也開始降臨到他們自己身上。達烏德與旗幟派之間不但存在著權力鬥爭，而且雙方在內外政策上也存在著分歧。在對外政策上，旗幟派主張全面投靠蘇聯，公開支持蘇聯的「亞洲集體安全體系」，要求對巴基斯坦收復失地。而達烏德則堅持「阿富汗不屬於任何大國集團」，主張通過和平談判解決阿富汗和巴基斯坦的分歧。在對內政策上，旗幟派要求採取激進方針，實行蘇聯式的「社會主義」，達烏德則力主按照真正的伊斯蘭精神辦事，不走極端。達烏德僅是利用旗幟派，政權到手後他就開始限制旗幟派的勢力了，旗幟派被禁止擴大組織，原內政部長、旗幟派的帕茲瓦克被改任教育部長，還有一百六十多名旗幟派的青年成員則被派到外省去擔任鄉村的行政職務並傳播「進步理論」。到 1975 年，旗幟派的內閣部長差不多都被解除了職務。即使一些人被重新安排了職務，也都是一些不重要的部門或駐外使節。1974 年底以後，卡爾邁勒的住宅開始受到軍警的「保護」。在軍界，旗幟派的軍官們也多被革職了，其中有共和國衛隊長齊亞．穆罕默德．查依和空軍總參謀長阿卜杜勒．卡迪爾中校。

在反對達烏德的各個政治組織遭受打擊之時，一些前王室成員和王朝時代的顯貴卻得到寬容和重用，填補了旗幟派留下的政治真空。1975 年 9 月，前中央軍團司令瓦利被宣布無罪釋放，獲准前去羅馬與其他王室成員會合。瓦利是一個出色的軍官，流亡期間，他每天做操鍛鍊身體，並密切注視著阿富汗的國內局勢。查希爾國王為了他的人民的利益，為了防止不必要的流血，決定不訴諸暴力，而接受了流亡生活。許多王室成員後來都陸續回到他身邊。這位在現代史上在位時間最長的君主加入了第二次世界大戰後被廢除的國王的行列。身在異邦的國王曾對一位美國來訪者表示，達烏德發動政變只是為了「民族利益」，他正在繼續穆罕默德查依家族的統治。這段話在一定程度上道出了達烏德政變的實質。

第二節　新憲法誕生：阿富汗共和國的政治

達烏德在發動政變後不久就許諾要實行改革，現在他感到政權已經穩固，於是決定在社會政治經濟的各個方面進行改革。達烏德的改革涉及行政、法律、社會、經濟等各個方面，這一時期的改革與他在 1950 年代推行的改革一脈相承，旨在改變阿富汗的落後面貌，推動現代化的發展。

達烏德改革的最重要的方面是新憲法的頒布和一院制議會的建立。1976 年，達烏德任命了一個特別委員會負責起草新憲法。新憲法草案出爐後，達烏德決定召開國民大會來討論並通過新憲法。1977 年 1 月，阿富汗共和國以部分選舉、部分任命的方式產生了國民大會，國民大會經過幾次討論，通過了新憲法。政府利用村社會議選舉了大部分代表。村社會議在阿富汗是最基層的權力機構，它的職能是解決爭端並就村社的重大問題作出決定，其決定的作出是通過眾人的歡呼而不是通過祕密投票進行的。大多數阿富汗農民是文盲，他們相信祕密投票不正大光明，一個人當眾說話時可以是這樣，在底下投票時又可以是另外一種態度。從鄉村行政區和城鎮行政區總共選出了二百一十九名代表。為了使國民大會更加平衡，達烏德總統在內閣的建議下又任命了一百三十名代表，包括軍官、工廠工人、部落首領、小農、城市知識分子、大學生和婦女。當然，政府對所有代表進行了資格審查。左翼分子很少參加，儘管總統鼓勵他們參加。不過，有幾個著名的反政府人士被選進了國民大會。

國民大會中的活躍辯論表明，代表們發揮了他們的作用。在新憲法最初的一百三十一條中，他們修改了三十四條，又寫了六條新的條款。主要是限定和擴大了法院的作用，並把警察的調查權移交給總檢察長辦公室。《憲法》第六章規定國民大會作為「人民意志的最高權力機構」而存在。國民大會只有在發揮特殊作用時才被召集，而讓一院制國民議會負責日常立法工作，它每隔四年以普遍的祕密投票的方式選出。

當召集國民大會開會時，它由下列成員組成：選舉的國民議會議員、總統、內閣成員、民族革命黨的中央會議成員、高級軍事會議成員、最高法院法官、各省根據人口選出的五至八名代表。總統也任命三十名代表全國的人，以保證能夠聽到各類意見，並且報答曾為總統效命的人。

新憲法還規定要在阿富汗建立一種混合的、有指導的經濟；雖然伊斯蘭教在憲法被稱為阿富汗的國家宗教，但沒有像 1964 年憲法那樣規定國家宗教必須是哈乃裴派，《憲法》還保障了非穆斯林的宗教信仰自由；新憲法第二十六條號召建立一個強大的中央政府，並暗示要進行行政改革，這些改革可能會使現存的行省制度革命化；新憲法也規定了男女平權；新憲法規定從現在到 1979 年 11 月 22 日為止是一個過渡時期，屆時第一個選舉的國民議會必須要開會。新憲法還規定，民族革命黨是阿富汗唯一合法的政黨。新憲法通過之後，國民大會選舉達烏德為總統，任期六年。

行政改革的目的在於提高政府的工作效率，並創造一個廉潔的政府。這一改革始於 1974 年底，得到了聯合國的幫助。達烏德首先在總統辦公室之下設立了中央人事行政改革辦公室，由達烏德本人親自監督。1976 年底，一個特別委員會列舉了現行體制的各式各樣的弊端，1977 年 6 月，政府頒布了一部《文官法》，要求新任職的文官必須具有高中文化水平，同時將任職間隔由四年改為三年。但是官員的不稱職、和既得利益集團對改革的抵觸使行政改革難以有效地實行。

司法改革的成效較為明顯。1976 年，政府先後頒布了《刑法》和《民法》，這在阿曼努拉之後還是第一次。《刑法》對犯罪、犯罪行為以及相應的刑罰作出了具體規定，從而打破了伊斯蘭教的法律慣例，使法官對罪犯難以濫施刑罰。《民法》的內容包括婚姻、繼承、契約、不動產交易、抵押和財產等。它徹底取消了伊斯蘭教法和習慣法。達烏德的法律改革，標誌著阿富汗的法律又向著現代化和世俗化邁進了一步。

達烏德還進行了經濟和社會方面的改革。經濟改革主要是土地改革。社會改革有實行統一的農村發展計畫，進行人口調查，改善勞動條件，確定最低工資和最高工時，實行男女同工同酬，推行教育改革，發展民族文化。

達烏德的改革遭到了既得利益者的反對，同時，政府官員的腐敗無能、中央政權的軟弱和以部落首領與毛拉為首的地方權力機構的堅固性，也都削弱了改革的效力，妨礙了改革的順利進行。另外，各反對派的活動也使改革不能在一個穩定的政治環境中進行。首先發難的是穆斯林青年會。1975 年國家獨立節期間，在喀布爾以北的塔吉克人居住的潘傑希爾山谷，穆斯林青年會發動了一次暴動，參加者主要是一些青年學生。他們宣稱一個「不信真主的、主要是共產主義的政權」統治了喀布爾。除了潘傑希爾之外，他們還襲擊了帕克蒂亞、拉格曼、賈拉拉巴德、巴達赫尚等地。政府軍出動了直升機才平息了暴亂，俘虜了許多叛亂分子，其中有九十三人受審，三人被判死刑，十六人被無罪釋放，其他人被判處從終身監禁到一年徒刑不等的刑罰。

由於被排除在政權之外，人民派和旗幟派現在成為政府反對派，這種政治地位促使它們走向聯合。1977 年，在蘇聯和外國共產黨的鼓動下，兩派在印度召開了聯合會議，討論兩黨合併的問題，會議最後決定塔拉基擔任統一後的黨的總書記，政治局其他十名成員中，雙方人數各占一半。其實重新統一起來的人民民主黨只不過是為了一時之需而聯合起來的鬆散的一個政治組織。達烏德對人民民主黨的非法活動並非一無所知。他首先清除了一些親蘇軍官，對沒有清除的親蘇軍官則進行祕密監視；國家也加強了國家安全機構的力量，以防止顛覆政府的活動發生。因為大規模的清除勢必激怒蘇聯，從而影響阿富汗的軍火供應和國家安全。

達烏德對軍隊的清除並不徹底，尤其是大批的中下層親蘇軍官仍留在軍隊內，他們實際上擁有對軍隊的控制權。人民民主黨的成員已經大量地滲透到政府部門、國家情報部門和軍隊當中，蘇聯和人民民主黨對達烏德的一言一行瞭如指掌。

1977 年，阿富汗的國內局勢非常緊張。經濟問題成堆，失業增加，食品短缺，人民生活水平下降。政治上達烏德獨斷專行，各項改革進展遲緩，社會治安每況愈下，引起了知識界、學生、軍官和部分中產階級的不滿。由於達烏德想從蘇聯以外尋求外援，引起莫斯科的不滿，蘇聯決定要確保它在亞洲的這塊陣地。受蘇聯保護的人民民主黨便積極活動，準備通過軍事政變奪取政權。

第三節　土地改革與國有化：阿富汗共和國的經濟

阿富汗共和國建立以後在經濟建設方面取得了一些成就，工農業生產都較以前有所發展，這一時期在經濟方面比較顯著的特點是進行了土地改革和加強了國有經濟的地位。

達烏德長期以來就一直打算在阿富汗進行土地改革，擔任首相時，他的這一願望沒有實現，現在他準備將他的這一理想付諸實施，以改變阿富汗落後的農業面貌。1975 年，政府頒布了《土地改革法》，其中規定，農民擁有的土地最多為一等澆灌地一百阿畝（十阿畝為一公頃），二等澆灌地一百五十阿畝，旱地二百阿畝。多餘的土地在七年之內由地主出售給無地或少地的農牧民，地款二十五年內付清。《土地法》沒有規定農民購買土地的貸款。

顯而易見，達烏德的土地改革是相當溫和，而且缺乏有效的實施保障。這種情況下，土地改革的成效極其有限。到 1978 年政變前夕，只有極少數無地農民得到土地，地主以種種方法抵制土地改革，全國僅有七千五百戶農民得到了約一萬公頃的土地，而這些土地都是政府分配的國有澆灌地。農村的狀態依然如故。但總的來看，達烏德時期阿富汗的農業還是有了一定的發展，由於政府採取了許多包括興修水利工程在內的措施，農業生產條件有了一定的改善，再加上達烏德執政的前幾年連年多雨，水草充足，農牧業都能夠取得豐收。農業機械化水平有了一定的提高。農民擁有的拖拉機數量有了一定的增長，到 1977 年已經有二千多臺，農業生產中化肥的使用量也有了大量的增加。達烏德時期阿富汗的糧食生產實現了自給。但 1977 年的自然災害卻造成了糧食減產。

達烏德宣布共和國的經濟是有指導的混合經濟，但事實上國有經濟的地位得到了加強，國有化和國家對經濟的干預再次受到重視。1975 年，政府宣布所有的銀行實行國有化，為此，一些資本家在銀行的資金被凍結。國家還加強了對外貿的全面監督。同時，政府收購和建立了一批國營中小型企業，例如位於興都庫什山腳下的喀布爾毛紡織廠，原來是一個私人企業，因為經營不善而長期虧損，1975 年，阿富汗政府收購了這家企業，並使這家企業的經營狀況有了改進。這家工廠規模不大，它擁有一千五百個紗綻、五十臺寬幅紡織機和兩臺毛毯紡織機。政府對這個工廠投入了大量資金，每天能生產九百多公尺毛紡織品和毛毯。

離喀布爾毛紡織廠不遠的夏凱爾瓷器廠也是政府同時收購的

一個小廠，這個工廠擁有五十多名工人，為一些工業部門生產電瓷瓶和耐火磚，也生產一些民用產品。政府接管這個工廠之後，每天能生產五百多噸產品。以前由於產品原料都是進口的，所以產品成本很高，現在由於主要使用國內原料，生產成本大為下降，價格也比進口貨便宜得多。阿富汗政府建立國有經濟的目的主要是為了利用國家的力量推動阿富汗工業化的發展，當然也有蘇聯影響的作用。

阿富汗政府這一時期建立的國有企業主要也是中小企業，這些企業生產的產品主要是一些進口替代型的生產和生活用品。例如，位於北部山區的薩曼甘是政府投資建立中小型工廠比較突出的城市之一，達烏德時期，政府和私人共建立了二十多個中小型的鑄造廠、家具修配廠和食品加工廠等。這些工廠有的只有八、九個人，但卻在生產進口替代產品中起了積極的作用。王國時期阿富汗的所有金屬製品幾乎全部依賴進口，而現在這些進口替代型中小企業的建立則使阿富汗減少了對外依賴。馬拉德鑄造廠雖然只有九個人，生產條件也極為簡陋，但卻能生產出鐵鍋、犁鏵等產品，這類產品以前全部依賴進口，而且價格昂貴，農民要用買一頭小牛的錢才能買一口蘇聯進口的鐵鍋。而現在國內生產的鐵鍋價格降低了 70%，質量也不比蘇聯進口的產品差。

1977 年，達烏德政府頒布了 1977 年到 1983 年的七年經濟發展計畫，預計投資額為三十八點五億美元，其中外援占計畫投資額的 66%。在總投資額中，農業占 24.7%，工業和礦業占 36.1%，運輸和通訊占 31.5%，教育和衛生占 6%。與前王國時期的經濟計畫相比，這個七年發展計畫的特點是加大了對交通運輸的投資比例，對重工業部門的投資也很大。而私人企業的作用則被限定於發展進口替代型和出口型的中小企業。

共和國時期的國際收支情況也有所改善。1972–1973 年度，阿富汗的國際收支順差為二百二十萬美元，1976–1977 年度上升為六千五百萬美元，同期外匯儲備從八百零九萬美元上升到二十八億美元。這主要依賴於出口的增長和僑匯的增加等因素。阿富汗共和國經濟的發展主要是由於有利的氣候和大量的外援，而王國時期遺留下來的各種經濟與社會問題並沒有解決，阿富汗依舊是一個落後的農業國，現代化的道路還很漫長。

第四節　多元化：阿富汗共和國的外交

達烏德東山再起之後，阿富汗共和國的外交基本上和前王國時期一樣，除了繼續保持與蘇聯的關係，同時達烏德也注意發展多元化的外交，積極爭取與美國發展友好關係，接受更多美國援助，發展與周圍鄰國和第三世界國家的關係，從而減少對蘇聯的過分依賴，以維護阿富汗外交的獨立性。

達烏德復出後，阿富汗與蘇聯的關係得到改善。政變後第三天，蘇聯就承認了阿富汗共和國政權。1974 年 6 月，達烏德訪問蘇聯，莫斯科答應為阿富汗的七年計畫提供巨額貸款。在訪問後雙方發表的聯合公報中，達烏德公開支持蘇聯的「亞洲集體安全體系」，但也要求解決有爭議的普什圖尼斯坦問題，並承認亞洲各國的現有邊界；蘇聯方面則表示讚賞阿富汗在普什圖尼斯坦問題上的強硬立場。為了使達烏德更加依賴蘇聯，蘇聯大量地向阿富汗提供各種援助。1974 年 6 月，莫斯科向阿富汗提供了一點五億美元的經濟援助，用於阿富汗國內的建設項目，1973–1974 年，蘇聯和東歐國家向阿富汗提供了一點三七億美元的軍火，阿富汗還從蘇聯進口了大量的先進武器，其中包括 T–62 坦克和米格–21 戰鬥機，蘇聯還為阿富汗培訓了大量的軍官。從 1973 到 1978 年期間，蘇聯與阿富汗簽訂了近四十項從政治、經濟到文化與軍事等方面的各式各樣的協定。大批的蘇聯軍官被派到阿富汗，滲透到阿富汗國防部和軍隊之中，俄語成為阿富汗軍隊的軍事用語。另一方面，莫斯科還努力培植人民民主黨的勢力。莫斯科在精心地建立它對阿富汗的控制地位。

達烏德完全清楚，向印度洋擴張是蘇聯的既定目標，與蘇聯的親密關係使阿富汗疏遠了與鄰國伊朗、巴基斯坦以及波斯灣產油國的關係，西方國家的援助也在逐漸減少；同時，國內親蘇勢力的增加還威脅到了他的統治。因此達烏德決定改變過分依賴蘇聯的外交政策。達烏德首先大量清除了軍隊中的親蘇分子，並幾次在國際問題上拒絕與共產主義國家合作。儘管如此，蘇聯還是繼續援助阿富汗，1977 年，蘇聯向阿富汗提供了四點二五億美元的貸款，用於幫助阿富汗的七年經濟計畫，1977 年，蘇聯向阿富汗提供的軍事裝備價值達一點二七億美元。但是，蘇聯拒絕向阿富汗的煉油廠和煉銅廠的建設提供援助，而主張把阿富汗的銅礦運到蘇聯提煉，同時阿富汗的天然氣主要出口到蘇聯，而且其價格完全由蘇聯決定。這充分暴露出莫斯科要控制阿富汗經濟的野心，蘇聯的援助也是為這一目的而服務的。

1977 年《憲法》頒布之後，達烏德宣布人民民主黨為非法，同時在軍隊和政府中大量清除親蘇分子。這引起了莫斯科的不滿，致使兩國關係惡化。1977 年 4 月，達烏德再次訪問莫斯科，與蘇聯領導人布里茲涅夫進行了會談。會談中布里茲涅夫指責達烏德接受了過多的西方援助，進入阿富汗的西方專家太多，要求阿富汗將這些專家驅逐。達烏德則表示，他不允許莫斯科對阿富汗發號施令，聘用外國專家的問題完全是阿富汗的主權；阿富汗可以繼續貧窮，但決不失去行動和決策的自由。這次談話後，雙方關係進一步惡化了。很快，在蘇聯和東歐共產主義國家的鼓動下，旗幟派與人民派進行了聯合。蘇聯已經打算在阿富汗發動政變了，當然，莫斯科這時只是有這樣的企圖，至於在阿富汗扶持一個親蘇政權以取代達烏德的事宜這時並沒有明朗化，莫斯科還需要再觀察一段時間。基於這種考慮，莫斯科仍設法繼續維持與阿富汗的正常關係。

阿富汗共和國與美國的關係最初是比較冷淡的，華盛頓對阿富汗新政權採取了一種觀望的態度。但時隔不久，達烏德就主動努力改善與美國的關係，多次聲明阿富汗願意與美國保持友好關係，他說：「阿富汗與美國的友好關係是頭等重要的。」1974 年 11 月，美國國務卿亨利．季辛吉訪問阿富汗，會談中達烏德說：「阿富汗的不結盟和同一切國家友好的政策得到美國的完全理解和重視，而阿富汗對它同美國的真誠合作的關係也特別重視。」

季辛吉強調了對阿富汗「獨立與自由」的關心，並表示美國願意為阿富汗提供力所能及的援助。此後不久，兩國簽訂了一系列援助協議，援助領域包括教育、農村發展、醫療衛生和赫爾曼德河谷的排水工程。到 1978 年為止，美國對阿富汗的經濟援助總計達五點三三億美元。阿富汗方面也派出大量的軍事人員去美國學習。1976 年 6–7 月，阿富汗總統特使納依姆訪問美國，拜見了總統福特、國務卿季辛吉和參眾兩院外交委員會的議員。這次訪問加深了阿美兩國的關係。季辛吉於同年 8 月再次訪問阿富汗，重申了美國努力參加與阿經濟發展的願望，並對阿富汗與巴基斯坦關係的改善表示高興。1977 年夏，美國總統邀請達烏德訪問美國。但不幸的是，達烏德的美國之行被很快發生的政變取消了。

阿富汗共和國建立初期，喀布爾與其亞洲鄰邦的關係相當冷淡。達烏德公開支持巴基斯坦的普什圖人實行自決，並在多次國際會議上重提「普什圖尼斯坦」問題。阿富汗與巴基斯坦的爭端最後發展成為邊界衝突。其實，達烏德並不想使阿富汗與巴基斯坦的關係因為普什圖尼斯坦問題而緊張。1976 年以後，在伊朗國王巴列威的調解下，兩國在這一問題上的鬥爭緩和下來，宣傳戰中止了，阿富汗向巴基斯坦派出了空缺兩年的大使，兩國領導人也進行了互訪。6 月，巴總統布托訪問阿富汗，兩國就普什圖尼斯坦問題達成諒解，一致同意在相互尊重主權和領土完整的前提下解決雙方在這一問題上的分歧。齊亞．哈克擔任巴基斯坦總統後，兩國首腦再次互訪，雙方關係進一步發展。

阿富汗與伊朗的關係最初由於阿富汗共和國方面沒有批准前

王國時期簽訂的〈赫爾曼德河水條約〉而一度冷淡，後來經過兩國領導者的努力，雙方關係大為改善。1974 年，伊朗向阿富汗提供了十億美元的貸款，用於工業和交通項目；1975 年 4 月，達烏德訪問了伊朗；1977 年 6 月，阿富汗批准了〈赫爾曼德河水條約〉。

除了改善與鄰國的關係以外，阿富汗共和國還積極地發展與其他第三世界國家的關係。中國、沙烏地阿拉伯、科威特都向阿富汗提供了經濟援助。阿富汗還在國際不結盟運動中發揮著重要作用。

阿富汗在追求多元外交的同時，謹慎地處理與蘇聯的關係問題，在聯合國的投票中經常與蘇聯保持一致，而且不允許西方人員在阿富汗北部地區活動。儘管如此，達烏德具有獨立傾向的外交政策還是惹怒了莫斯科，蘇聯決定利用阿富汗人民民主黨推翻有離心傾向的達烏德政權。

第十章 *Chapter 10*

人民民主黨政權與全民抗蘇戰爭

第一節 1978 年政變：塔拉基政權

莫斯科和阿富汗人民民主黨一直在等待機會。1978 年 4 月 17 日，阿富汗著名的左派思想家、旗幟派領袖之一米．阿克巴．希貝爾（Mier Akbar Khybar，1925–1978 年）在首都喀布爾被一名身分不明的刺客殺害。第三天，人民民主黨領袖塔拉基和卡爾邁勒在首都喀布爾發動了上萬人的遊行，他們抬著希貝爾的屍體，高呼「打倒達烏德政權」的口號；塔拉基和卡爾邁勒還在遊行集會上發表了言辭激烈的演講，譴責達烏德的殺人罪行，並鼓動人民起來推翻達烏德政權。遊行示威遭到了軍警的鎮壓，人民民主黨總書記塔拉基和其他許多領導者以及二百多名軍官被捕，阿明被軟禁在家中。1978 年 4 月 27 日，親莫斯科的阿富汗軍人和阿富汗人民民主黨發動了政變，開始攻打總統府。達烏德向外求援，最後也向莫斯科發出了呼籲，但沒有得到答覆。經過三十六小時的激烈戰鬥，達烏德的衛隊被擊潰，達烏德被擊斃，阿富汗共和國被推翻。4 月 30 日，人民民主黨和一部分軍官宣布成立新政府，並成立最高權力機構——革命委員會，蘇聯支持下的人民民主黨總書記塔拉基任革命委員會主席兼總理，國名改為阿富汗民主共和國。蘇聯當天就發來賀電，祝賀人民民主黨政變成功，並承認阿富汗新政權，表示將給予阿富汗新政權全面的支持。5 月 2 日，塔拉基正式組織了新政府，他自任總統兼政府總理，人民民主黨主席、革命委員會副主席卡爾邁勒出任副總理，革命委員會委員、陸軍軍官哈菲祖拉·阿明擔任副總理兼外交部長。

塔拉基上臺後，執行親蘇政策。蘇聯顧問、專家和蘇式的武器裝備也源源不斷地進入阿富汗，阿富汗的政府和軍事部門充滿了俄國人，在短短幾個月內，莫斯科與阿富汗簽訂了四十多項協定和條約，兩國在政治、經濟、軍事、文化、外交等方面實行全面合作。這些條約與協定把阿富汗緊緊地與蘇聯的全球戰略聯結在一起。1978 年 12 月 5 日，莫斯科與喀布爾簽訂了為期二十年的〈阿蘇友好睦鄰合作條約〉，條約上雖然明文規定蘇聯尊重阿富汗的主權和其不結盟地位，但一些條文的內容卻為蘇聯干涉阿富汗內政和侵略阿富汗留下了藉口。如條約第三條規定：「雙方將促進擴大國家權力機關、社會團體、企業、文化科學之間的合作」，這為蘇聯進入阿富汗政府各部門打開了大門。又如第四條規定：「締約雙方本著睦鄰友好傳統和聯合國憲章精神，將為保障兩國安全、獨立和領土完整而進行磋商，並經雙方同意後採取相應措施，為了保障締約雙方的防禦能力，雙方將在它們締結的相應協定的基礎上繼續發展軍事領域內的合作。」這為蘇聯軍事干涉阿富汗內政鋪平了道路。

蘇聯在阿富汗的赫拉特等地建立了空軍基地。蘇聯顧問控制了阿富汗的軍隊，他們被指派到阿富汗軍隊的營級單位，還直接參與了阿富汗各部門的政府工作。據報導，塔拉基執政時期，在阿富汗的蘇聯顧問、專家和其他各種人員達六千五百人，其中有五千人在政府各部門工作，一千五百人在軍隊系統工作，蘇聯差不多把阿富汗變成了它的第十六個加盟共和國了。蘇聯的行為大大傷害了有抵抗外來侵略傳統的阿富汗人民的情感。

在蘇聯顧問的指導下，塔拉基政府不顧阿富汗是一個經濟和文化落後、絕大部分居民是虔誠的穆斯林、部落傳統勢力很強大的這一特點，硬要把阿富汗建成蘇聯式的國家。阿富汗民主共和國的革命委員會是按蘇聯最高蘇維埃的樣式建立的，此外還成立了由人民民主黨一手控制的工會、農會、青年團、婦女組織等，就連新的國旗也是紅色的。人民民主黨在 1978 年底公開宣稱，黨的目標是建立一個「擁有集體化農業、消除了私營零售部門的社會主義國家」。塔拉基政權建立後，立即推出了土地改革法令，規定每戶只准擁有土地六公頃，超過部分一律收歸國有，分配給無地和擁有土地不足六公頃的農民。這不但涉及到地主和部落上層的利益，而且還觸犯了許多伊斯蘭寺院的利益。政府宣布取消一切債務，引起了富人的強烈反對，與此同時，政府並沒有足夠的資金貸給農民，使大部分城鄉居民告貸無門，增加了他們生產上和生活上的困難。

塔拉基政權還大規模地鎮壓所謂「反動分子」和「反革命分子」，引起了前政府官員、宗教界和部落首領們的恐慌，從而引發了一系列反政府暴動，其中穆斯林武裝力量的暴動規模越來越大。1978 年 6 月，阿富汗最大的穆斯林武裝力量——伊斯蘭黨在阿富汗東部的庫納爾、南格哈爾、帕克蒂亞三省發動了反對塔拉基政權的起義。不久，阿富汗領土上出現了幾十個穆斯林武裝組織，起義的範圍很快遍及了全國大部分地區。到 1978 年 8 月，政府已經損失了近一個師的兵力，數百名在阿富汗軍隊中的蘇聯人被打死，許多政府軍還紛紛倒戈加入到了穆斯林武裝之中。為了幫助塔拉基政權鎮壓穆斯林武裝起義，蘇聯運來了大批的飛機、坦克和火箭炮，幫助制定了圍剿計畫。但阿富汗境內的戰火卻愈演愈烈，蘇聯支持的政府軍根本無法應付。1979 年 3 月，赫拉特發生大暴亂，譁變的政府軍和人民共四千餘人，他們殺死了三十名蘇聯軍官、專家和其家屬。塔拉基派軍隊前去鎮壓，死傷了許多人才平息了這次事件。

達烏德政權被推翻後，人民派和旗幟派在新政府內分享權力。但共和國建立不到三個月，兩派就出現了嚴重的矛盾與權力鬥爭。塔拉基首先逮捕了對分權不滿的幾名旗幟派要員，並把卡爾邁勒等六名旗幟派要員派往國外擔任大使，後來塔拉基又以「陰謀政變」為罪名逮捕了許多旗幟派政府官員。1978 年 11 月 21 日，塔拉基在人民民主黨中央全會上將卡爾邁勒等六人開除出黨。兩派的鬥爭以人民派的勝利宣告結束。

排除了旗幟派以後，人民派內部的矛盾又出現了。阿明對塔

圖 30：哈菲祖拉・阿明（左）

拉基的種種作法不滿，也反對蘇聯對阿富汗內政的干涉，主張奉行獨立的民族主義路線。阿明的態度和立場得到了一部分官員和軍人的支持，但卻引起了塔拉基和莫斯科的不滿。1979 年 9 月，塔拉基出席了在哈瓦那召開的不結盟國家首腦會議後，返回途中在莫斯科停留，與布里茲涅夫就阿富汗局勢進行了祕密會談，布里茲涅夫授意塔拉基在必要時幹掉阿明。阿明由於早就在塔拉基身邊安插了親信，所以很快知道了塔拉基和莫斯科的意圖，於是決定先下手為強，將三名極端親蘇並握有軍權的軍官解除了職務，並暗中調動軍隊，進行周密部署。1979 年 9 月 14 日，塔拉基和蘇聯大使打電話邀請阿明到總統府會晤，阿明走到總統府門口時，塔拉基預先安排好的軍隊就向阿明開槍射擊，結果阿明的警衛被當場打死，阿明得以逃走。回到國防部後，阿明立即調動早已經準備好的軍隊前去攻打總統府，塔拉基的衛隊很快被打垮，塔拉基本人則被打傷。後來塔拉基被阿明祕密處死。阿明奪權的政變宣告成功。革命委員會於 9 月 16 日宣布塔拉基已辭職，阿明任革命委員會主席兼總理，並於 18 日宣布任人民民主黨總書記，10 月 10 日宣布塔拉基去世。

第二節　阿明政權與蘇聯入侵

蘇聯出兵阿富汗是經過深思熟慮的，它是蘇聯全球戰略計畫的一個既定目標。阿明取得政權後，蘇聯表面上表示支持，實際上蘇聯與阿明的矛盾在不斷發展。

阿明上臺後，自任革命委員會主席和總理。阿明具有濃厚的民族主義思想，他上臺後，阿富汗與蘇聯的關係明顯惡化了。阿明上臺後不久就召見了蘇聯駐阿富汗大使普扎諾夫，並向這位大使提出警告，希望蘇聯不要再干涉阿富汗的內政，如果莫斯科拒不接受他的勸告，他將會不得不效仿埃及總統薩達特，驅逐蘇聯專家和顧問，甚至要廢除〈阿蘇友好睦鄰合作條約〉。隨後，他加強了對蘇聯勢力的清除和控制，採取了一系列削弱蘇聯對阿富汗控制的措施。1979 年 10 月 6 日，阿富汗外交部長沙阿・瓦利向東歐和其他共產主義國家的使節揭露了蘇聯大使策畫刺殺阿明的經過。不久，阿富汗政府便正式要求蘇聯召回一直從事顛覆政權活動的大使普扎諾夫。莫斯科被迫於 11 月下旬召回了普扎諾夫。阿明一再拒絕訪問莫斯科的邀請，據說是因為他害怕蘇聯人趁他出國時策動政變。為了加強對阿富汗的控制，蘇聯提出要對與伊朗接壤的法拉省的辛丹軍用機場進行擴建並供蘇聯使用，要改組阿富汗的軍隊和憲警系統，要求阿明將卡爾邁勒從國外召回並讓他擔任國家的領導職務。阿明對蘇聯存有戒心，對蘇聯方面的這一系列要求，阿明都加以回絕。阿明認為，蘇聯要卡爾邁勒回國的目的，就是要奪取他手中的權力。

阿明上臺後阿富汗國內局勢的發展對新生的阿明政權極為不利，同樣對蘇聯也極為不利。阿富汗東部的庫納爾地區的一些穆斯林武裝組織於 1979 年 3 月襲擊當地政府軍。反政府武裝不斷發展，到 6 月中旬，已經遍及全國大多數地區，人數擴大到三萬人左右。而政府軍則處於不穩定的瓦解狀態。10 月初，反政府武裝組織在哈查拉賈德地區建立了伊斯蘭統一革命委員會。1979 年 8 月 5 日，駐紮在首都喀布爾的一部分軍隊發生譁變，與忠於阿明的軍隊發生激烈戰鬥。雖然叛亂最後被平息，但說明國內局勢十分混亂，阿明政權處於搖搖欲墜的地步。

圖 31：下令出兵阿富汗的蘇聯總書記布里茲涅夫

莫斯科方面認為，阿富汗穆斯林武裝力量得到何梅尼政府的支持，如果阿富汗穆斯林武裝獲得勝利，將會在蘇聯的近鄰出現一個伊朗式的伊斯蘭教政權，那時，不但莫斯科在阿富汗的影響會全部消失，而且反對共產主義的伊斯蘭基本教義思潮將對蘇聯境內的五千萬穆斯林少數民族產生不可預測的影響。如果阿明成功地平息了國內的動亂，阿富汗民族主義將重新抬頭，最終會重演埃及驅逐蘇聯人的一幕，同樣對蘇聯不利。所以目前阿富汗的政局不論如何演變，都會對蘇聯不利，影響其南下印度洋的戰略。另一方面，當時美國在波斯灣籌組快速反應部隊的計畫尚未實施，而伊朗的美國人質問題又吸引了華盛頓的注意力，再加上卡特總統正在準備大選，土耳其與巴基斯坦因經濟援助問題與美國的關係正處於緊張狀態。蘇聯領導人認為現在是入侵阿富汗的大好時機，於是做出了直接出兵阿富汗的決定。做出這一決定的據說是蘇共政治局的四個要員：總書記布里茲涅夫、外交部長葛羅米柯、中央書記蘇斯洛夫、國防部長烏斯基諾夫。入侵決定不是通過政府文件，而是由烏斯基諾夫口頭傳達給總參謀部的！

蘇聯對軍事占領阿富汗早已擬定了周密計畫。從1979年9月阿明上臺以後，蘇聯就開始在軍事上進行入侵阿富汗的準備和部署，蘇聯有四百到六百人的部隊駐紮在喀布爾以北七十公里的巴格蘭空軍基地，12月上旬蘇聯又空運了一個營的兵力，嚴密控制了巴格蘭機場，為進一步運兵做好了準備。12月中旬，蘇聯把一千五百名空降兵調進阿富汗。12月24日到26日，又偷偷地用大型運輸機往巴格蘭基地調進軍隊五千名，並把三百輛裝甲車和幾十輛坦克空運到阿富汗。到此為止，駐紮在喀布爾及其周圍的蘇聯軍隊已經達到一個師的兵力。同時在與阿富汗接壤的邊境上集結了五個師的現代化部隊，處於待命狀態。當阿明發現蘇聯軍隊大規模運入阿富汗並向喀布爾集結時，向蘇聯大使提出了疑問，

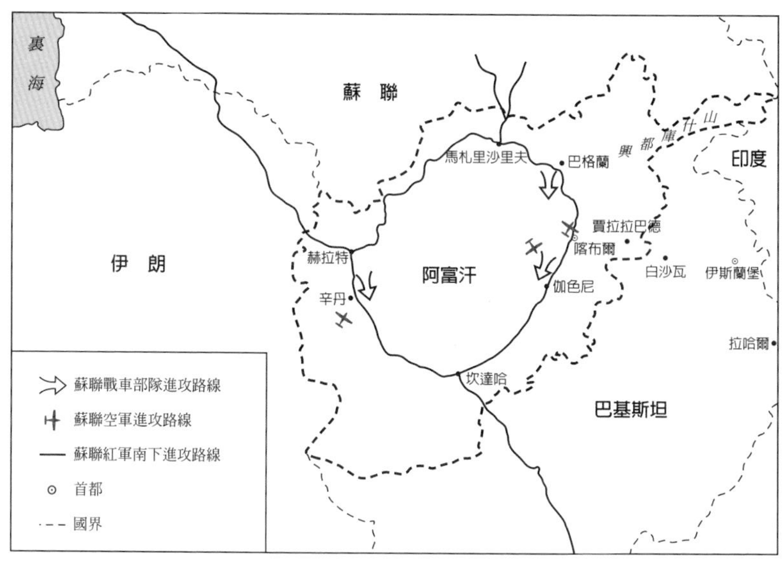

圖 32：蘇聯入侵阿富汗

蘇聯大使回答說蘇軍是來幫助阿富汗政府鎮壓穆斯林反叛武裝的。其實，這時阿富汗的主要軍事戰略要地都已經被蘇軍控制，阿明的交涉根本無濟於事。由於阿富汗的大部分軍隊受蘇聯顧問的控制，阿明對軍隊的調動也成了問題。

12 月 26 日，蘇聯駐阿富汗的最高使節、內務部第一副部長維·帕普京中將去總統府向阿明下最後通牒，要求阿明以阿富汗政府的名義正式邀請蘇聯軍隊幫助阿富汗鎮壓穆斯林反政府武裝，蘇聯政府則保證阿明及其家人的安全。蘇聯的蠻橫要求遭到了阿明的嚴正拒絕，雙方發生了長時間的激烈的爭吵

這時，阿富汗的全部戰略要地和首都均處在蘇聯軍隊的控制之下，阿明實際上被圍困在總統府。1979 年 12 月 27 日晚 7 點

多，蘇聯軍隊兵分三路開往電臺、人民宮和舊王宮。蘇聯軍隊以坦克和裝甲車為先導，在飛機的掩護下進攻總統府。經過三個多小時的激戰，阿明的衛隊和前來增援的阿軍被擊潰，阿明被打死，總統府被占領。蘇軍頭目帕普京也被阿明的衛隊擊斃。占領喀布爾後，駐紮在蘇阿邊境的蘇軍立即兵分兩路越過邊境進入阿富汗，一支部隊從烏茲別克出發，穿過阿富汗東北部到達位於喀布爾北部的巴格蘭空軍基地；另一支部隊從土庫曼過境進入阿富汗的西部城市赫拉特，然後又往南到達坎達哈，直趨喀布爾。蘇軍的整個行動是由蘇聯國防部第一副部長索洛克夫元帥通過衛星通訊指揮的。在幾天之內，蘇軍占領了阿富汗的主要城市、軍事基地和交通要道。蘇軍的這次行動共有七個師、八萬餘人參加。在入侵行動中，蘇軍僅在賈拉拉巴德和坎達哈兩地遇到了阿軍的抵抗。

28 日，蘇聯中亞境內的一家電臺以阿富汗電臺的名義，廣播了政變成功和阿明已經被推翻的消息，並播放了事先錄音的〈卡

圖 33：巴布拉克・卡爾邁勒

爾邁勒告阿富汗全國人民書〉，宣布卡爾邁勒為人民民主黨總書記，且已組織了新內閣，取代了阿明政權。當時卡爾邁勒還在蘇聯境內，第二天他才在蘇聯人的保護下回到喀布爾。蘇聯政府立即發電報表示承認阿富汗新政府，布里茲涅夫致電祝賀，保證維護阿富汗的獨立，向卡爾邁勒政權提供包括軍援在內的緊急援助，幫助阿富汗抵禦一切「外來侵略」。

第三節　同聲譴責：國際社會的反應

蘇聯對阿富汗的入侵，是它繼 1968 年入侵捷克斯洛伐克之後，對一個主權國家的又一次侵略。為了掩人耳目，蘇聯的宣傳機構一再聲稱，蘇聯是「應阿富汗合法政府的邀請」而出兵的。塔斯社還宣稱，出兵一事係履行〈阿蘇友好睦鄰合作條約〉的「義務」，是「依法行事」。但在血淋淋的現實面前，蘇聯的辯解是多麼蒼白無力。蘇聯占領阿富汗的軍事行動，引起了國際社會的一致譴責，使它在國際上陷入了空前的孤立。

在西方世界，美國、英國、法國、義大利、加拿大和西德於 12 月 31 日在倫敦召開緊急會議，一致譴責蘇聯的侵略行為，決定不承認阿富汗新政府。美國總統卡特 (Jimmy Carter) 在 1980 年 1 月 9 日與國會議員談話時宣稱：「蘇聯人入侵阿富汗是第二次世界大戰以來對和平的最大威脅。」卡特在 1 月 23 日發表的國情咨文中提出了被稱為「卡特主義」的外交方針，即要把波斯灣和印度洋地區視為對美國至關重要的地區，強調美國將使用包括武力在內的一切必要手段擊退外部勢力控制波斯灣的企圖。同時，美國宣布了一系列對蘇聯制裁的措施，其中包括推遲討論限制戰略武器條約、停止出售糧食和高技術產品及戰略物資、抵制莫斯科奧運會等。

伊斯蘭世界同樣作出了強烈反應。埃及、伊朗、土耳其、約旦、沙烏地阿拉伯、科威特、巴林、伊拉克等國政府均公開發表聲明，譴責蘇聯的行徑。1 月 27 日到 29 日，在巴基斯坦首都伊斯蘭堡召開了有三十四個伊斯蘭教國家外交部長參加的緊急會議，會上一致通過決議，譴責蘇聯對阿富汗的入侵是對國際法的粗暴踐踏，要求蘇聯從阿富汗撤走所有軍隊。會議還決定中止阿富汗的伊斯蘭會議組織成員資格，呼籲該組織的所有成員國拒絕承認阿富汗的非法政權，並同其斷絕外交關係，號召各成員國抵制莫斯科奧運會。伊朗何梅尼政府在蘇聯入侵的第二天就向蘇聯政府提交了一份強烈的抗議照會，聲明蘇聯的行動是對伊朗的敵對行動。伊朗政府接納了近百萬阿富汗難民，向阿富汗穆斯林抵抗運動提供武器和金錢，在伊朗領土上為阿富汗游擊隊提供方便。在德黑蘭爆發了反對侵略阿富汗的大規模示威遊行，焚燒了蘇聯國旗和布里茲涅夫的肖像。沙烏地阿拉伯王國政府獲悉蘇聯出兵阿富汗後，立即召開緊急會議，呼籲伊斯蘭國家團結起來對付蘇聯的侵略擴張。另外，土耳其總理德雷米爾、埃及前總理哈利勒、阿曼外交大臣扎瓦維、阿拉伯聯合大公國總統顧問蘇維尼都紛紛發表談話，憤怒譴責蘇聯的霸權主義行徑。阿拉伯各產油國則向阿富汗游擊隊提供了大量的金錢和物資，伊斯蘭會議組織還向阿富汗穆斯林抵抗運動各組織作出了提供政治、道義、金錢援助的保證。

國際不結盟運動和廣大第三世界對蘇聯的侵略也作出了強烈反應。在第三世界國家和一些西方國家的強烈要求下，聯合國於 1980 年 1 月 14 日召開了全體緊急會議，經過激烈的辯論，會議以一百零四票贊成、十八票反對、十八票棄權通過了「要求外國軍隊撤出阿富汗的決議」。2 月 19 日，在聯合國總部召開的不結盟國家首腦會議上，各國代表嚴厲指責蘇聯，認為蘇聯不但侵犯了一個不結盟國家的獨立和主權，而且嚴重地威脅著其他不結盟國家的安全。1980 年 9 月召開的第三十五屆聯合國大會上，有四十二個第三世界國家聯合向大會提出了關於阿富汗被侵略和外國軍隊撤出阿富汗的提案。大會最後以絕對多數通過了要求蘇聯軍隊立即撤出阿富汗的決議草案。在一百一十一張贊成票中，第三世界國家占八十八票。這就形成了蘇聯與第三世界尤其是不結盟國家的直接對立。

西歐國家雖然反對蘇聯對阿富汗的侵略，但不願與蘇聯發生任何對抗，主張通過和平談判解決阿富汗問題。1980 年 2 月 19 日在羅馬召開的歐洲共同體外長會議通過由英國所提出關於阿富汗問題的「阿富汗中立化」建議，其主要內容為：有關國家與阿富汗簽約，阿富汗宣布中立，保證不參加任何政治、經濟和軍事集團；大國和有關鄰邦對阿富汗的中立提供國際保證；蘇聯從阿富汗撤軍；聯合國派駐觀察員監督條約的執行。美國雖然主張以蘇聯撤軍為保證阿富汗中立的先決條件，但不反對歐洲共同體通過的方案。但這個提議在與蘇聯磋商的過程中被布里茲涅夫拒絕了。包括美國在內的西方領導人在這一問題上始終缺乏強硬立場。他們希望繼續保持與蘇聯關係緩和的局面，不願冒險與蘇聯發生直接的軍事對峙。當時美國國務卿范錫發表了一段關於阿富汗問題的談話，他的談話充分反映了美國在阿富汗問題上的立場。他說：「蘇聯入侵阿富汗對該地區構成潛在危險，嚴重威脅到美國及其盟國來自這個地區的石油供應通道。這個地區的和平與穩定對美國及其盟國極為重要。美國謀求的是要蘇聯撤出阿富汗並制止其作出新的冒險行動。但對蘇聯採取的行動完全不應影響美國為和平解決區域性緊張局勢而進行的談判。」也就是說，阿富汗問題不能影響美國與蘇聯的關係，也不能導致美國與蘇聯的直接對抗。沒有世界大國的支持，阿富汗問題的解決便遙遙無期，阿富汗人民就要長期處在蘇聯鐵蹄的踐踏之下。但阿富汗人民卻在極其艱苦的條件下，在自己的領土上展開了反對蘇聯侵略的持久的抵抗運動。

第四節　潘傑希爾山谷的槍聲：全民抗蘇戰爭

推翻阿明後，蘇聯扶持人民民主黨旗幟派的卡爾邁勒組成新政府。卡爾邁勒擔任人民民主黨總書記兼革命委員會主席、政府總理和武裝部隊最高統帥。阿富汗政府徹底蘇聯化了，蘇聯的軍事顧問和文職人員增加到一萬餘人；政府中的大多數決策和日常工作都被蘇聯人控制，阿富汗官員成為一種擺設；軍隊中則增設了蘇聯的政治顧問，他們負責在阿富汗軍隊中宣傳「革命」理論；經濟上由於大多數西方的援助停止，蘇聯的援助占到了外援的80%，對蘇貿易在阿富汗外貿中的比重占到55%。

蘇軍對阿富汗的入侵，給阿富汗民眾帶來了深重災難，並威脅亞洲和世界的和平。阿富汗本來是一個落後的農牧業國家，農牧業人口占總人口的90%。蘇軍入侵後，經濟遭到嚴重破壞。1979–1980年，阿富汗的國民生產總值只有三十三點八七億美元，每人平均收入一百五十一美元，大眾的生活極其貧困，是世界上經濟最不發達的國家之一。尤其嚴重的是，蘇軍入侵以來，迫使阿富汗三百多萬人逃亡國外，成為難民，約占阿富汗總人口的五分之一以上。這些難民主要流居在巴基斯坦，依靠國際救濟，過著無家可歸、貧病交加的悲慘生活。

蘇軍入侵後，阿富汗國內數萬人的十多支穆斯林武裝奮起抗擊侵略者，喀布爾市郊和坎達哈、赫拉特等城市都多次發生激戰，阿富汗政府軍中也有許多愛國官兵投奔穆斯林武裝。在蘇軍占領區的喀布爾和其他城市，則不斷發生反侵略的示威遊行活動。

阿富汗的抵抗力量大多數是在部落武裝的基礎上發展起來的。阿富汗的各個民族都分成許多部落，據統計，全國有三千個大大小小的部落。由於阿富汗境內多山，交通閉塞，歷來中央政權無法統治各個地區，一個部落往往就是一個獨立王國和武裝集團。在各部落中，伊斯蘭神職人員往往與部落上層結合在一起。因此，阿富汗抵抗力量很大程度上就是穆斯林武裝力量。到1982年底，穆斯林武裝力量約有十萬人，他們控制著全國80%以上的農村和山區，這些抵抗組織有幾個規模比較大，他們的活動與組織都超出了部落與地區的概念，且與外界建立了聯繫，其中主要有伊斯蘭民族陣線、阿富汗伊斯蘭革命運動、阿富汗民族解放陣線、阿富汗伊斯蘭協會、伊斯蘭黨和伊斯蘭黨哈利斯派等。這些組織都具有伊斯蘭基本教義的性質。1981 年 6 月，各抵抗組織達成聯合協議，成立了阿富汗聖戰者伊斯蘭聯盟，繼續在阿富汗各地抵抗蘇軍。

另一部分抵抗組織是以部落武裝為核心的游擊隊，這些組織基本上是在本地區從事反對蘇聯軍隊和卡爾邁勒政府軍的戰鬥，是阿富汗抵抗運動的主力。這些部落組織主要有伊斯蘭革命聯合委員會、阿富汗伊斯蘭行動黨、阿富汗聖戰組織、阿富汗保衛伊斯蘭游擊隊組織、阿富汗歷史使命組織。這些在內地成長起來的組織團結合作，肩負著打擊蘇軍的主要任務，也是蘇聯軍隊圍剿的主要目標。

為了聯合抗擊蘇軍，在國內抵抗組織的倡議下，1980 年 5 月各抵抗組織在巴基斯坦的白沙瓦召開聯合會議，參加者有阿富汗各抵抗組織的近千名代表。組織者是阿富汗前任法官穆罕默德·巴布拉克·查伊。會議決定成立「全國革命理事會」，號召全國人民進行全面抵抗。

經過兩年多時間的游擊戰，阿富汗游擊隊的力量不斷擴大，他們控制了廣大的山區和農村，並從農村發展到了城市，徹底打破了蘇軍速戰速決的戰略計畫。蘇聯軍隊和卡爾邁勒的軍隊只能固守一些城市和軍事基地，並且為了維護交通幹線的暢通而疲於奔命。游擊隊最著名的根據地是中部的潘傑希爾山谷、東北部的努里斯坦地區、南部的坎達哈地區和西部的赫拉特地區。

蘇軍近十萬名配備有直升機的現代化部隊，無法消滅阿富汗游擊隊和阿富汗人民的反抗，蘇聯軍隊陷入了一場無止境的戰爭之中。阿富汗是個多山的國家，沒有鐵路，公路也很少，交通不便，這種情況不利於現代化的大部隊作戰，而有利於游擊隊的分散活動。蘇軍入侵初期，游擊隊由於武器落後，缺乏訓練，沒有統一的指揮，在蘇聯的坦克和飛機的進攻下，曾處於十分不利的境地。但經過一段時間的戰鬥鍛鍊，游擊隊提高了戰鬥能力，採用靈活機動的伏擊、偷襲、破壞交通線等游擊戰術，大量消滅了敵人的力量，使蘇軍損失日益嚴重。

軍事上的挫敗迫使蘇軍從 1980 年年中開始調整戰略戰術，其

圖 34：蘇聯坦克於喀布爾街道

主要措施包括以下幾個方面：第一，以重點進攻代替了全面清剿，每年都向游擊隊基地發動大規模的進攻，其中包括潘傑希爾山谷、庫納爾山谷等。第二，大量使用武裝直升機和空降部隊進行火力支援、突擊、救援、物資運輸等工作，並以小隊編組方式向游擊隊進行襲擊。第三，通過焦土政策和「無人區」政策推行經濟戰、政治戰和心理戰，企圖切斷游擊隊與人民群眾的聯繫。最後，推行戰爭的阿富汗化，即擴大喀布爾政權的軍隊並提高其戰鬥力，採用各種方法使他們承擔更多的戰鬥任務。

蘇軍戰術的改變雖然給游擊隊帶來了許多不利因素，但游擊隊還是克服了種種困難，取得了一次又一次的勝利。1981 年底，游擊隊兩度攻占南方重鎮坎達哈。在具有戰略意義的潘傑希爾山谷，阿富汗抵抗力量先後挫敗過敵人的七次大規模進攻。潘傑希爾山谷在喀布爾以北一百二十公里處，位於從喀布爾北上到蘇聯的薩朗公路的交通要道上，具有重要的戰略地位。這裡的游擊隊領袖是塔吉克族人艾哈邁德．沙赫．馬蘇德 (Ahmed Shah Massud)，他的部隊隸屬於伊斯蘭促進會。1980–1984 年，蘇軍和卡爾邁勒的軍隊先後對這裡發動了七次大規模的進攻，出動上萬人，使用了飛機、坦克和重炮等重型武器，但這些圍剿都失敗了，在第六次圍剿中，蘇軍和阿政府軍被殲三千二百人。潘傑希爾山谷作為「抵抗一個帝國的山谷」而聞名遐邇，成為阿富汗抵抗運動的象徵，馬蘇德也被譽為「潘傑希爾山谷的雄獅」。在阿富汗各地，還湧現出了許多馬蘇德式的英雄。

包括潘傑希爾山谷在內的許多游擊隊不但牢牢地控制住了他

們的根據地，而且占領了全國大多數地區。他們的軍事和政治組織也不斷完善，許多游擊隊還建立了正規的野戰軍和地方政權，舉辦了學校、醫院甚至電臺。各抵抗組織還加強了團結與聯合。1981 年，四個基本教義的組織與三個部落組織建立了「阿富汗聖戰者伊斯蘭聯盟」，成立了最高委員會，聯盟主席由各派領袖輪流擔任，三個月輪換一次。1986 年，北部的抵抗組織成立了以馬蘇德為首的指揮總部。1987 年 9 月，以伊朗為基地的八個什葉派組織聯合成立了「阿富汗伊斯蘭革命聯盟」。

阿富汗抗蘇戰爭歷經九年，使蘇軍陷入阿富汗戰場無法自拔，付出了沉重的代價。據《真理報》公布的數字，蘇軍在阿富汗戰場上陣亡一萬三千八百人、負傷一萬一千三百八十一人、失蹤和被俘三百三十人。此外，還有大量的武器和資金消耗在阿富汗戰場上，給蘇軍帶來了沉重的經濟負擔。但阿富汗人民在九年中也付出了巨大的代價。數十萬的自由戰士為國犧牲，百萬以上的平民死於炮火之中。最終，在阿富汗全民抗蘇戰爭的打擊下，在國際和平力量的努力下，蘇聯方面不得不考慮撤軍問題。

第五節　〈日內瓦協定〉：蘇聯撤軍

蘇聯入侵阿富汗後，國際社會採取了各種措施敦促蘇聯撤軍，同時，各種撤軍方案紛紛出爐，美國、巴基斯坦、聯合國都提出了一系列解決阿富汗問題的辦法。蘇聯人在阿富汗問題上陷入「災難性的泥潭」，不論在國內還是在國際上都面臨著許多棘手的問題。為了緩和第三世界和伊斯蘭國家的憤怒情緒，也為了緩和西方國家的不安，擺脫它在國際上的孤立地位，克里姆林宮通過卡爾邁勒政府提出了蘇聯撤軍的兩項條件：首先，舉行阿富汗、巴基斯坦、伊朗三國會談，分別締結關係正常化的協定，巴基斯坦和伊朗停止干涉阿富汗內戰、停止向反政府的穆斯林武裝提供一切援助；其次，在上述基礎上，美國、蘇聯等大國應該作出正式的不干涉阿富汗內政的政治保證，不在阿富汗進行破壞活動。上述兩個條件實現後，蘇聯軍隊就可以從阿富汗撤軍。蘇聯的方案是要把阿富汗事件說成是阿富汗與鄰國伊朗和巴基斯坦的關係緊張造成的，企圖把阿富汗事件轉化為「阿富汗和伊朗關係不正常」的「區域性問題」，從而使它的占領合法化。由於蘇聯方面沒有足夠的誠意，儘管國際社會付出了種種努力，蘇聯遲遲沒有撤軍的跡象。

1985 年戈巴契夫出任蘇共總書記，決心改善蘇聯的國際形象，緩和與美國、中國及第三世界的關係，提出了外交新思維，主張政治解決阿富汗問題。

在阿富汗國內政治問題上，蘇聯由於需要改變政策，卡爾邁勒的經歷已經不再適合擔任國家領導人，莫斯科方面決定更換阿富汗領導人，不再支持卡爾邁勒。於是 1986 年 5 月，卡爾邁勒在人民民主黨中央全會上宣布辭去總書記職務，穆罕默德．納吉布拉 (Mohammad Najibullah) 當選為新的總書記，並出任革命委員會主席，1987 年 11 月他又當選為阿富汗民主共和國總統。納吉布拉於 1947 年出生於喀布爾的一個中級官員家庭，1964 年進入喀

圖 35：納吉布拉（左）與戈巴契夫（右）

布爾大學並加入人民民主黨，屬於旗幟派，以後歷任革命委員會委員、國家情報局局長和中央書記處書記等職。在莫斯科看來，納吉布拉的經歷和政治態度有利於保持現政權的穩定和阿富汗問題的政治解決。

1987 年 7 月 28 日，戈巴契夫發表海參崴談話，宣布在當年年底從阿富汗撤走六個團的蘇軍，共計八千人。撤軍行動於 10 月底完成。年底，納吉布拉去莫斯科訪問，訪蘇歸來後，他提出了一個停火三個月的建議，不久他又提出了一個〈民族和解綱要〉，宣稱要建立一個有各政治派別廣泛參加的民族和解政府。1987 年 11 月，納吉布拉將阿富汗國名「阿富汗民主共和國」改為「阿富汗共和國」。隨後又表示歡迎前國王查希爾及阿富汗聖戰者伊斯蘭聯盟中的溫和派參加政府。顯然，蘇聯和喀布爾政權的政策有了很大的改變，他們希望為了穩定政局而擴大喀布爾政權的統治基礎。

但抵抗組織並不理睬納吉布拉的建議，而是繼續進行各式各樣的抵抗活動，並聲稱他們的抵抗直到蘇軍全部撤完、徹底推翻納吉布拉政權後才能停止。蘇聯雖然準備撤軍，但它希望蘇軍撤走後，在喀布爾留下的是一個親蘇的政權，於是決定向游擊隊施加壓力。游擊隊拒絕了納吉布拉的提議後，蘇聯向阿富汗政府運送了大量的新型武器，同時對游擊隊發動了大規模的武裝進攻，沉重地打擊了抵抗組織。在蘇軍和政府軍的強大攻勢面前，游擊隊英勇抗敵，他們利用從英美得到的便攜式防空導彈，有效地抵禦了蘇軍的飛機轟炸，在一些地區取得了重大勝利。為了回擊喀布爾方面的和解攻勢，聖戰者伊斯蘭聯盟於 1988 年 2 月宣布成立了臨時政府。

由於在阿富汗陷入了政治上與軍事上的僵局，戈巴契夫決定加快從阿富汗撤軍的步伐。1988 年 2 月 8 日，戈巴契夫再次提出撤軍聲明，宣布從 5 月 15 日開始撤軍，十個月內撤走全部蘇軍。同年 3 月 2 日，美國、蘇聯、巴基斯坦和喀布爾政權在日內瓦開始了新一輪的阿富汗問題會談，會談中美國提出美蘇都停止對阿富汗交戰雙方的各種援助，巴基斯坦提出蘇聯撤軍的同時必須在阿富汗建立一個基礎廣泛的阿富汗臨時政府。這些建議都遭到蘇聯和喀布爾方面的拒絕。最後，有關雙方同意撤軍期間美蘇可以向阿富汗交戰各方繼續提供援助，而在阿富汗建立聯合政府一事，則由聯合國在阿富汗各政治力量之間進行調解。4 月 14 日，在聯合國祕書長裴瑞茲 (Javier Pérez de Guéllar) 的主持和努力下，美國、蘇聯、巴基斯坦和喀布爾政權四方在日內瓦再次進行會談，最後會議簽署了關於政治解決阿富汗問題的協議，史稱〈日內瓦協定〉。該協定包括四個文件和一個備忘錄。規定蘇聯軍隊從 5 月 15 日開始從阿富汗撤出，九個月內撤完，前三個月撤走一半軍隊；巴基斯坦和阿富汗相互尊重主權、領土完整和政治獨立；美、蘇尊重巴基斯坦和阿富汗的主權、獨立、領土完整和不結盟地位；喀布爾政權必須採取措施保證所有難民自願返回阿富汗。

蘇聯按照協定開始撤軍，從 5 月 15 日開始的前三個月內，蘇軍撤走了五萬人，這是駐阿富汗蘇軍的近一半。蘇聯開始撤軍後，阿富汗的政局發生了不利於喀布爾政權的變化，各抵抗組織紛紛出擊，占領了大量的蘇軍撤走後留下的軍事空白地帶，包括許多省分和城鎮。在這種情況下，蘇軍放慢了撤軍的步伐，並於 11 月 4 日突然宣布暫停撤軍；同時，從蘇聯境內起飛的轟炸機對抵抗組織的基地進行了瘋狂轟炸，以便壓住抵抗組織的迅猛發展與進攻。但在國際輿論的壓力下，蘇聯在 1989 年 1 月又恢復了撤軍，1989 年 2 月 15 日，駐阿蘇軍總司令格羅莫夫作為在阿富汗領土上的最後一名蘇聯軍人跨過了阿姆河，進入蘇聯境內。蘇聯按照〈日內瓦協定〉如期完成了撤軍工作。

阿富汗全民抗蘇戰爭取得了全面的勝利，這是阿富汗各個抵抗組織英勇戰鬥、流血犧牲的結果。阿富汗抗蘇戰爭是一次全民參加的民族解放戰爭，這次戰爭歷經十年之久，數十萬計的游擊戰士獻出了他們寶貴的生命，平民傷亡更是無數。另一方面，阿富汗全民抗蘇戰爭的勝利與國際社會的支持與幫助有著密不可分的關係，十年抗蘇戰爭期間，抵抗組織得到了美國、伊朗和波斯灣國家大量的武器與資金援助，聯合國和美國、巴基斯坦等國家都為政治解決阿富汗問題付出了大量的外交努力。總之，阿富汗民族解放戰爭的勝利是以上種種因素共同促成的。但是，由於〈日內瓦協定〉沒有為阿富汗的政治前途做出安排，蘇聯撤軍後，阿富汗的抗蘇戰爭演變成了一場持久的內戰。

圖 36：阿富汗士兵獻花給正撤離喀布爾的蘇聯軍隊

第十一章 | *Chapter 11*

阿富汗內戰

第一節　蘇聯撤軍之後的政局：內戰的開始

蘇聯軍隊開始撤離以後，阿富汗各派游擊隊陸續接受和攻占了蘇軍留下的和喀布爾政權的軍隊守備薄弱的地區，從而擴大了控制區域；同時游擊隊還打通了武器供給線，並繳獲了大量武器，對坎達哈、賈拉拉巴德、喀布爾等城市形成了圍攻之勢。雖然蘇聯一度暫停撤軍而加大了對游擊隊的打擊，使游擊隊遭受重創，但游擊隊的力量在蘇軍撤離期間還是得到了壯大，並決心以武力推翻喀布爾政權。

人民民主黨控制的喀布爾政權是在蘇聯的保護下上臺執政的，在國內外都十分不得人心，蘇聯撤軍後它更加形單影隻。為擴大政權基礎，納吉布拉以兩院議會代替了革命委員會，讓一些非黨人士擔任總理等政府職務。但不論是抵抗組織還是前國王查希爾都對納吉布拉的「民族和解」政策不予理睬。納吉布拉政權內部也是矛盾重重，相互傾軋從未間斷過。納吉布拉擔心掌握軍隊和警察實權的人民派會發動政變，接二連三地進行清除，許多人被驅出內閣，許多黨員被捕入獄。軍隊雖然武器精良，但士氣低落，缺乏戰鬥力，厭戰情緒極為強烈。據軍事專家估計，喀布爾總共擁有兵力只有三、四萬人。也就是說蘇軍撤走之後，喀布爾政權尚具有一定的實力，還不至於一觸即潰。但喀布爾政權回天乏術，不能扭轉國內的政治危機，只是苟延殘喘而已。

〈日內瓦協定〉只是規定了蘇聯的撤軍問題，並沒有對阿富汗的政治前途做出安排，由於抵抗力量沒有參加談判，協定中又沒有停火規定，更沒有就未來的政府組織達成協議，所以蘇聯撤軍後阿富汗的內部衝突，其中包括抵抗組織與喀布爾政權之間的衝突和各抵抗組織之間的衝突持續不斷，正在演變成一場大規模的內戰。為此，有關各方展開了一系列促進和解的外交活動，以尋求政治解決阿富汗的途徑。1989 年 7 月初，聯合國祕書長代表、阿富汗問題的調解人科多韋斯在巴基斯坦、伊朗、阿富汗三國間穿梭時建議：先成立由公認的獨立和公正人士組成的過渡政府，籌備召開傳統的國民大會，以建立包括抵抗組織和喀布爾政權領導人在內的聯合政府。但抵抗力量堅決反對喀布爾方面參加未來政府而沒有結果。

蘇聯在撤軍之後拒絕停止對喀布爾政權的武器援助，美國則堅持對等原則，即蘇聯繼續其軍事援助的情況下，美國也不停止向阿富汗抵抗力量的武器支援。在阿富汗未來政府的組成問題上，蘇聯先是堅持喀布爾政權的獨占地位，後來由於內外形勢的逼迫，又不得不降格以求，同意放棄人民民主黨在未來政府中的獨占地位，同意讓出總理、國防部長、內務部長等重要職位，與反對派平分秋色，甚至同意納吉布拉下臺。1988 年 10 月，蘇聯派遣以解決棘手問題而著稱的第一副外長沃侖左夫兼任駐阿富汗大使，以推動阿富汗問題的解決。沃侖左夫上臺後，就開始了與抵抗組織的直接談判，同沙烏地阿拉伯、伊朗、巴基斯坦等國領導人進行了會談。12 月，以他為首的蘇聯代表團與以布哈努丁．拉巴尼 (Burhanuddin Rabbani) 為首的阿富汗聖戰者伊斯蘭聯盟在沙烏地阿拉伯的塔伊夫進行了首次面對面的正式談判。接著又在德黑蘭與阿富汗什葉派八黨聯盟領導人進行了會談。1989 年 6 月，沃侖左夫又在伊斯蘭堡與聖戰者聯盟輪任主席錫佳杜拉．穆賈迪迪 (Sibgatullah Mojaddedi) 和八黨聯盟舉行了會談。在談判中，蘇聯的立場不斷鬆動，做出了某些實質性的讓步。但由於蘇聯堅持人民民主黨參加未來的聯合政府，談判最終還是陷入了僵局。

抵抗力量內部，無論是聖戰者聯盟還是八黨聯盟，抑或是各地方的獨立派別，都一致要求推翻人民民主黨的喀布爾政權而組建自己的政府，堅決不同喀布爾政權談判。各派在對蘇聯談判問題上協調立場，共同參加了對蘇聯的第二輪談判，並在德黑蘭簽署了組成反對喀布爾政權統一戰線的協議。但抵抗力量是由宗教、部落、政黨等各種勢力構成的，政治主張存在著很大的差異，所以各抵抗力量之間存在著很大的分歧。在成立臨時政府問題上，聖戰者聯盟與八黨聯盟不歡而散。1989 年 2 月 23 日，聖戰者聯盟單獨成立了臨時政府。美國和巴基斯坦沒有承認這個政府。

1989 年 11 月，聯合國大會提出了一項關於阿富汗問題的決議，要求阿富汗各方儘早對話、建立一個基礎廣泛的聯合政府，並主張在聯合國監督下進行大選。這一方案得到了美國、蘇聯、巴基斯坦、伊朗、沙烏地阿拉伯的支持。1990 年 4 月，臨時政府宣布支持聯合國監督下的大選。

進入 1991 年，國際社會加快了解決阿富汗問題的步伐。9 月 13 日，美國和蘇聯在莫斯科簽訂協議，宣布從 1992 年 1 月 1 日起，停止向阿富汗交戰雙方提供軍事援助。11 月 9 日，抵抗組織的代表在莫斯科與蘇聯領導人發表了聯合聲明，蘇聯同意將喀布爾政權的權力移交給臨時政府，並在兩年之內進行大選。1992 年 4 月 10 日，聯合國祕書長加利宣布，阿富汗各方已經就成立一個十五人過渡委員會接管國家權力一事達成了協議。

為了加強自己在未來政府中的地位，抵抗力量各派展開了積極的軍事行動。馬蘇德的部隊與伊斯蘭黨的部隊從南北兩個方面向喀布爾迅速推進。在這種形勢下，納吉布拉於 4 月 16 日宣布辭職，躲藏到聯合國駐阿機構中尋求政治庇護。為了避免游擊隊發生混戰，在聯合國特使貝農．塞萬的斡旋下，抵抗組織成立了一個以穆賈迪迪為首的臨時委員會，並同意兩個月後成立以拉巴尼為首的伊斯蘭臨時政府，拉巴尼負責在十八個月內舉行大選，選舉民選政府。儘管達成了協議，游擊隊還是繼續搶占地盤。4 月 25 日，馬蘇德和伊斯蘭黨的部隊分別攻入首都，發生了激烈的交火，雙方動用了坦克、飛機等重型武器，最後伊斯蘭黨的部隊失敗。隨後臨時委員會宣布成立阿富汗伊斯蘭國，穆賈迪迪任臨時

基地，迅速發展壯大起來。塔利班成立的最初幾個月裡，在軍事上就取得了一系列的勝利，勢如破竹地占領了西南部的九個省，甚至一度占領了位於喀布爾以南十五公里處的希克馬蒂亞爾的總部。塔利班打著「鏟除軍閥、恢復和平、重建國家」和「建立真正的伊斯蘭政府」兩面大旗，聲稱不服從現有的任何黨派。它拒絕與其他派別進行和談，認為它們都是殺人罪犯。塔利班提出，其他派別的武裝必須退出喀布爾，由它的部隊進駐喀布爾，阿富汗所有三十個省都必須派代表參加擬議中的執行委員會，只有虔誠的穆斯林才能參加該委員會。塔利班視《可蘭經》為法律，即使在戰場上，士兵們也懷揣《可蘭經》。塔利班每占一地，均收繳民間重武器，取消一切關卡，建立統一的行政機構，恢復法院、醫院、學校等。這些政策贏得了廣大老百姓的擁護。但塔利班的一些極端政策，如拒絕現代文明，歧視婦女，命令男人留鬍鬚並戴穆斯林頭巾，違者將受到懲罰，引起了民眾的不滿。塔利班成為拉巴尼、杜斯塔姆、希克馬蒂亞爾之外又一支能夠影響局勢的強大勢力，它的出現使阿富汗國內政治力量的對比發生了變化。

歐瑪爾於 1964 年出生於阿富汗中部地區的烏魯茲甘省的一個普什圖人的家庭，曾就讀於幾所伊斯蘭教學校，後來在阿富汗難民營中的伊斯蘭學校任教，可以說是一名傳教士。1979 年，蘇軍入侵阿富汗後，歐瑪爾便投身於反侵略的聖戰之中，一直戰鬥到蘇聯撤軍為止。在抗蘇戰爭中，他曾十次負傷。據說，在一次激烈的戰鬥中，歐瑪爾的一隻眼睛被打瞎了，儘管如此，他仍以頑強的精神戰鬥到最後。由於作戰機智勇敢、戰功卓著，穆罕默德的伊斯蘭革命運動擢升他為副總司令。1994 年 7 月，歐瑪爾由於不滿當地軍閥的暴行，殺死了幾個軍閥，組織起一批學生，成立了自己的部隊，揭竿而起。歐瑪爾的政治主張得到了飽受戰爭之苦的阿富汗老百姓的擁護，其軍隊一時攻無不克，戰無不勝，反對派武裝懾於歐瑪爾的威名，迫於塔利班的強大攻勢，或不戰而降，或望風而逃，幾年來，塔利班武裝攻城掠地，橫掃阿富汗大部分領土。歐瑪爾從不接受記者採訪，也不會見外國人，關於他的相貌、性格、家庭情況，外界幾乎一無所知，這增加了他的神祕性。歐瑪爾手下有一大批謀士，重大事都先要經過集體討論，最後由歐瑪爾拍板定奪。

1996 年 9 月 25 日凌晨，塔利班攻克了喀布爾以東七十五公里處的戰略重鎮薩羅比，並向喀布爾逼進。薩羅比是希克馬蒂亞爾最重要的一個基地，也是阿富汗境內的一個重要的交通樞紐。26 日，塔利班主力部隊攻入喀布爾東部城區，並於當晚向市中心推進，同政府軍展開激戰。塔利班幾乎毫不費力地占領了電臺、電視臺和一些制高點。27 日凌晨 1 時，塔利班攻占了位於市中心的總統府。3 時左右，喀布爾的大部分地區已經被塔利班控制。總統拉巴尼、總理希克馬蒂亞爾和政府軍總指揮馬蘇德率部分政府軍退到喀布爾以北十公里的地區，並計畫組織反攻。前總統納吉布拉及其兄弟被處死，並懸屍示眾。塔利班的這一極端行為遭到國際社會的譴責。聯合國特使霍爾說，殺害阿富汗前總統及其兄弟「進一步破壞了正在進行中的和平解決阿富汗衝突的一切努力」。戈巴契夫稱殺害納吉布拉「從根本上講是殘暴行為」，並說納吉布拉在蘇聯撤軍方面起了決定性的作用。

攻克喀布爾幾小時後，塔利班領導人歐瑪爾任命了一個六人組成的臨時委員會接管政權，負責處理一切政務。29 日，塔利班發布命令，所有政府職員必須留長鬚，婦女必須戴面紗，否則將面臨懲罰的危險。塔利班在控制了喀布爾以後繼續向北推進，很快控制了喀布爾以北約帕爾萬省省會恰里卡爾，30 日繼續追趕馬蘇德的部隊，並占領了恰里卡爾以北十四公里的戰略要地賈巴勒西拉季鎮，之後一路沿東北方向逼進潘傑希爾山谷；另一路塔利班部隊沿西北方向推進到喀布爾以北一百二十公里處的薩朗隧道南端，與杜斯塔姆的部隊相對峙。薩朗隧道控制著通往阿富汗北方和中亞各國的公路，具有重要的戰略意義。塔利班最初成立時只有八百人，現在已經有三萬人之眾，成為擁有輕型戰鬥機、坦克、裝甲車、導彈等現代化武器的精銳之師。10 月，塔利班建立了以穆罕默德．拉馬尼為首的臨時政府，歐瑪爾則被一千多名伊斯蘭教神職人員推舉為阿富汗最高宗教領袖，個人地位進一步鞏固。

塔利班能夠在短時間內取得如此巨大的勝利，與許多因素有關，其中最重要的有以下幾個方面：首先，喀布爾方面雖然成立了聯合政府，但實際上矛盾重重，為了爭奪權力，各派之間明爭暗鬥不斷，有時甚至訴諸武力。據說，在塔利班不斷取得勝利之時，希克馬蒂亞爾甚至考慮過與塔利班聯合，共同對付拉巴尼勢力。喀布爾各派之間的矛盾削弱了政府軍的戰鬥力，為塔利班的進攻提供了有利時機。其次，塔利班提出了許多順應民心的口號，採取了一些受民眾擁護的措施。如歐瑪爾提出「鏟除軍閥，恢復生產，建立真正的伊斯蘭國家」，塔利班軍隊所到之處，吸收社會名流參政議政，重建學校和醫院，打擊犯罪，收繳民間槍枝，撤銷關卡，廢除苛捐雜稅，甚至幫助農民恢復生產。這些措施得到了民眾的歡迎，從而使塔利班武裝有了一定的民眾基礎。最後，塔利班得到了美國、巴基斯坦等國際社會的支持和援助，擁有了先進的武器，塔利班還從敵人手中繳獲了大量武器，從而改善了裝備，增強了戰鬥力。塔利班擁有坦克、飛機、大炮和先進的通訊設備。

第三節　基本教義化：塔利班的內外政策

塔利班運動帶有明顯的基本教義色彩。塔利班的最初成員都是抗蘇戰士的後代，他們出生在位於巴基斯坦的俾路支省和西北邊省的難民營裡，他們在巴基斯坦的伊斯蘭賢哲會舉辦的宗教學校裡接受伊斯蘭教育，學習的內容是《可蘭經》和伊斯蘭教法。塔利班武裝能夠迅速勝利，除了上面分析的各方面的原因，宗教精神的感召也起了很大的作用。歐瑪爾打著伊斯蘭教的旗幟，聲稱要在阿富汗建立真正的伊斯蘭國家，伊斯蘭教成為塔利班有力的意識型態和精神方面的武器；塔利班戰士人人都懷揣著《可蘭經》，希望通過他們的戰鬥在阿富汗建立伊斯蘭秩序。塔利班政權建立後，「促進道德和消滅罪惡」部部長穆罕默德．瓦利曾說：「我們正在建立一個世界上前所未有的伊斯蘭教。」「我們教育人民執行伊斯蘭法律，重新塑造一代新人，我們建立的是一個真正的伊斯蘭國家。」

塔利班政權採取了一系列伊斯蘭化的措施，頒布了許多伊斯蘭教法規。首先，塔利班要在阿富汗恢復伊斯蘭教的傳統生活方式，規定所有國民尤其是政府工作人員都要穿伊斯蘭傳統服裝，男子要留鬍鬚，且不能留西方式的長髮，婦女外出時要以厚紗蒙面，沒有男性親屬的陪同，女子不准外出上街，禁止婦女外出工作，關閉女子學校，關閉專為婦女開設的公共澡堂，禁止女子參加體育比賽。塔利班還專門建立了宗教警察，監督伊斯蘭教法的執行。按照塔利班解釋的伊斯蘭教教義，男人的頭髮最長不可超過前額以下一公分，因為長頭髮的人看起來像個美國佬。塔利班的宗教警察幾乎每天都要到各理髮店巡視，如果發現誰的頭髮過長，就要把他關進監獄，並進行痛打。

其次，為了保持伊斯蘭教的純潔性，為預防外部「污染」，關閉所有電影院和電視臺，塔利班甚至禁止使用網路，禁止播放西方音樂。許多民眾為了避免塔利班的懲罰而砸碎自己的電視機、收音機和錄影機，也有一些人將這些東西埋到地下，等待將來有一天能夠使用它們。恢復傳統的伊斯蘭教法律，如用石頭砸死通姦者，砍去偷盜者的雙手。1996 年 7 月和 1997 年 3 月，在坎達哈和拉格曼有兩位年輕女子同樣因戀愛而觸犯了塔利班的法律，這兩名女子和她們的戀人都被亂石砸死了。

後來塔利班政權又頒布了許多極端法令，如塔利班曾下達命令：非穆斯林外出必須佩帶明顯標誌，不准外國婦女駕駛汽車。塔利班最具基本教義的措施是在婦女問題方面，1996 年 9 月，塔利班關閉了喀布爾大學，並宣布女子學校為非法，從而剝奪了女子受教育的權利；女教師不能工作，不但是剝奪了女子工作的權利，對女子教育也是徹底禁止，同時使大多數男學生由於沒有了教師而失去了受教育的機會。塔利班占領喀布爾以前，女教師占阿富汗教師總數的 70%，現在這些女教師都不能工作了。阿富汗已經是世界上文盲率最高的國家，這種情況將嚴重影響阿富汗未來的發展。

圖 37：喀布爾學校的女學生　要到塔利班政權被推翻後，阿富汗女子才恢復受教權。

塔利班執行嚴格的伊斯蘭教法，在公共場所幾乎完全隔絕了男女之間的接觸，許多女病人由於被禁止與男醫生接觸而失去了治療機會，而女醫生又被禁止工作，所以大量患病的婦女得不到及時救治。塔利班執政後，阿富汗大約有四到五萬女教師、女醫生、女護士、女政府工作人員失去了工作。塔利班委員會高級成員艾哈邁德說：「阿富汗不同於西方社會，在阿富汗，婦女不可能像西方社會中的婦女那樣生活。我們正是從阿富汗社會和伊斯蘭的角度來處理婦女的權利問題。」

阿富汗人對塔利班的強硬統治方式感到失望和厭惡，並開始拒絕那些令人窒息的嚴厲法令：母親冒著被捕的風險，將女兒送進地下女校就讀；膽量大些的居民不顧嚴禁收看電視的禁令，設法通過祕密管道買到衛星接收設備；年輕人聚在一起偷聽電臺播放的流行音樂；一些婦女敢於獨自上街行走，而按照「規定」，婦女外出必須有家中男眷護送；嚮往現代文明女子的黑色長袍下，會是一雙高跟皮鞋，這種長袍以往必須從頭到腳將全身全部罩住，腳踝也決不能暴露，甚至連穿白襪子也會遭到鞭打，理由是她引誘人們注意她的踝部。

塔利班最極端的基本教義措施當屬其大規模的毀滅佛像的行動。阿富汗塔利班領導人歐瑪爾於 2001 年 2 月 26 日下令銷毀阿富汗境內全部非伊斯蘭雕像，其中包括喀布爾以西一百五十公里的巴米安城內的兩尊佛雕，一尊高五十三公尺，另一尊高三十七公尺，是分別建於三世紀和五世紀的巨型佛像，堪稱是世界級的藝術珍品。3 月 1 日，塔利班摧毀了世界上最高的立佛，巴米安大佛的摧毀意味著歷盡滄桑的人類文化遺產經歷了一次重創。對於銷毀佛像行動的原因，歐瑪爾解釋說，所有神像，包括那些遠古時代的佛像，都是對伊斯蘭教的侮辱。根據伊斯蘭教教義，信徒不應敬拜偶像。因此，為了建立一個純伊斯蘭教國度，它們都應該被毀滅。

塔利班政權建立時，阿富汗已經經歷了十幾年的戰爭，阿富汗的領土幾乎變成了一片廢墟，許多工廠被炸毀，大多數農業灌溉系統被破壞，工業、農業、牧業生產都急劇下降，國內經濟一片蕭條，生產與生活物資都極度匱乏。國內經濟中唯一不斷增產的就是罌粟的種植和鴉片的生產。塔利班時期，阿富汗成為世界上最大的罌粟生產國，而歐洲 80% 的海洛因、美洲 15–20% 的海洛因也都來自阿富汗。罌粟的生產不但給農民帶來了經濟收入，也成為塔利班政權重要的稅收來源。塔利班也曾採取措施禁止罌粟種植、銷毀鴉片，1998 年 6 月，塔利班一次銷毀了繳獲的兩噸鴉片。但由於罌粟的種植與農民、部落首領的經濟收入以及政府的財政密切相關，所以塔利班的禁毒力度有限，罌粟種植與鴉片生產成為塔利班時期阿富汗的經濟支柱。

第四節　內戰再繼續：塔利班與反塔利班聯盟

由於有了共同的敵人，與塔利班敵對的各方加強了團結與合作。1996 年 10 月 9 日，前政府軍馬蘇德領導的主要由塔吉克族人組成的前政府軍武裝、杜斯塔姆領導的烏茲別克族武裝和什葉派穆斯林組成的伊斯蘭黨武裝簽署了一份共同對付塔利班的協議，決定成立阿富汗「最高防禦委員會」。之後，希克馬蒂亞爾、蓋拉尼、伊斯梅爾汗也在該協議上簽了字，反塔利班的北方聯盟正式成立，阿富汗內戰中南北對峙的局面形成了。協議規定，如果協議成員任何一方遭到塔利班武裝的攻擊，其他各方應給予支持。北方聯盟的總兵力有六萬人，其主要目標是在喀布爾北部和西部，與塔利班進行軍事對峙。1996 年 10 月 9 日，馬蘇德的部隊在薩朗山口開始反攻，並擊退了塔利班的猛烈進攻，使其受到重創。馬蘇德部隊的進攻局勢發生逆轉。10 月 12 日，拉巴尼的軍隊與杜斯塔姆結盟，從塔利班手中奪回了許多失地，其中包括

圖 38：罌粟花豐收　阿富汗經濟因長期受到戰爭破壞而導致生產停頓，唯一增產的卻是罌粟花的種植，生產鴉片成了農人和塔利班政權重要的經濟來源。

恰里卡爾。10 月 24 日，杜斯塔姆和馬蘇德聯合進攻塔利班武裝，在代赫薩卡茲等地給塔利班以沉重的打擊。同時，杜斯塔姆的軍隊又從西部對塔利班發動進攻，重創塔利班重鎮赫拉特。經過兩個多月的激戰，塔利班損失慘重。

由於宗教和種族矛盾，北方聯盟內部時常發生內訌、火併，自成立後相互間進行的實質性的軍事合作很少，這使北方聯盟在戰場上經常失利。1997 年 1 月，塔利班開始反攻，北方聯盟丟城失地，接連失敗。到月底，塔利班奪取了北方聯盟的四個戰略要地：賈巴勒西拉季、古爾巴哈、欣瓦里、錫亞戈德，逼進薩朗山口，危及馬蘇德在潘傑希爾山谷的總部。

1998 年 4 月 17 日，在美國總統特使、美國駐聯合國大使比

圖 39：艾哈邁德・沙赫・馬蘇德　有「潘傑希爾山谷雄獅」之譽的馬蘇德，不但是 1980 年代領導阿富汗游擊隊反抗蘇聯侵略的名將，也是 1990 年代北方聯盟的領導人之一。2001 年 9 月 9 日，馬蘇德遭自殺炸彈攻擊，因傷重身亡，兩天後「九一一事件」爆發。

爾．李察遜的斡旋之下，交戰雙方同意停火，並定於 4 月 27 日在聯合國和伊斯蘭會議組織的主持下，在伊斯蘭堡舉行第一輪會談。雙方答應在 27 日之前不發動任何軍事進攻，並同意討論舉行學者委員會會議的提議，以便在阿富汗境內實現永久性停火，進而成立一個具有廣泛基礎的政府。4 月 26 日阿富汗主要交戰雙方塔利班和北方聯盟的宗教學者籌畫委員會會議在巴基斯坦首都伊斯蘭堡正式舉行。會議由聯合國阿富汗和平特別委員會和伊斯蘭國家會議組織的代表聯合主持。這是塔利班和北方聯盟自首都喀布爾易手後舉行的首次直接對話。由於談判雙方分歧嚴重，於 5 月 3

日宣告談判破裂。

1998 年 6 月，塔利班開始了新的進攻。8 月 6 日，向北方聯盟總部所在地馬笴里沙里夫發動總攻擊，8 月 8 日上午塔利班武裝攻占了北部重鎮馬笴里沙里夫。守城的伊斯蘭聯盟黨軍隊逃往阿中部的巴米安省。馬笴里沙里夫是阿北部重鎮，也是反塔聯盟所控制的最後一個大城市；它的易手無疑對反塔利班聯盟非常不利。馬笴里沙里夫失陷後，北部地區只有塔羅前和巴達赫尚等一小部分地區仍在反塔利班聯盟的控制之下。中部伊斯蘭聯盟黨控制的巴米安省也幾乎陷於塔利班的圍困之中。阿富汗局勢一時出現了進一步倒向塔利班的有利局面。8 月 11 日，塔利班攻占了前總統拉巴尼和馬蘇德控制的重地塔羅前地區。8 月 12 日又奪得阿與中亞國家交界處的要塞哈拉坦和普里卡米，基本上截斷了杜斯塔姆和馬蘇德從外界獲得補給的供應線，並正向馬蘇德的空軍基地克瓦賈格爾推進。至此，從阿局勢的全局來看，反塔聯盟所控制的地區已所剩無幾，只約占阿領土面積的 10%；除阿中部的巴米安省外，其餘主要在東北部。這裡大多是高山崇嶺，其中包括馬蘇德的發跡之地潘傑希爾谷地。

9 月 7 日，由馬蘇德領導的反塔利班武裝向塔利班控制的喀布爾發動了新一輪攻勢，並占領了位於喀布爾以北約三十公里處的數個重要陣地。經過一天激戰，突破塔利班武裝固守的喀布爾北面外圍防線，占領了控制喀布爾北郊主要交通要道的有利地形。

1999 年已控制了阿富汗近 90% 領土的塔利班於 7 月 28 日凌晨向反塔聯盟武裝發起了大規模攻擊，意在通過武力實現對阿全境的控制。塔利班還攻占了位於潘傑希爾山谷南邊的重鎮納杰拉布。塔利班武裝正準備向潘傑希爾山谷推進。7 月 31 日夜間從反塔聯盟武裝手中奪取了位於首都喀布爾以北五十公里的戰略要地——巴格蘭空軍基地。巴格蘭的失守對反塔聯盟是一個重大打擊。1999 年 8 月 5 日塔利班的夏季攻勢遭受重大挫折，以馬蘇德為首的北方反塔利班聯盟奪回了喀布爾以北幾乎所有的失地。這也是塔利班的第三次戰略受挫。反攻戰役中北方聯盟投入了數千兵力，並由馬蘇德親自坐鎮指揮。戰鬥在喀布爾以北五十公里展開，從巴格蘭空軍基地和恰里卡爾延伸至錫拉杰和古爾巴哈一帶，這樣，扼守潘傑希爾谷地南端門戶的古爾巴哈又落入馬蘇德之手。

2000 年 5 月 10 日在沙烏地阿拉伯的吉達舉行的阿富汗交戰雙方塔利班和北方反塔聯盟第二輪會談達成了停火協議，雙方還同意交換戰俘。發起阿富汗交戰雙方會談的伊斯蘭會議組織稱，在此基礎上，塔利班和反塔聯盟將致力於恢復全阿的道路交通，以確保人員往來和國際人道主義救援行動的開展。伊斯蘭會議組織評價說，此舉在塔利班和反塔聯盟之間建立了相互信任，有助於阿富汗內戰的全面解決。

但協議簽訂後不久的 2000 年 9 月下旬，塔利班與北方聯盟再次發生激烈戰鬥，由北方聯盟控制的阿富汗北部重鎮塔盧坎被塔利班軍隊攻占。塔利班在千禧年首腦會議前夕向反塔聯盟發動突然襲擊，意在讓全球政治家的視線一起轉向阿富汗，促使聯合國承認它作為阿富汗政府的合法地位。被塔利班攻占的塔盧坎市不僅是阿富汗北方聯盟的政治中心，而且還是北方聯盟武器和燃料供給的重要運輸紐帶，因為它是北方聯盟從其鄰國塔吉克獲取外部援助的主動脈。北方聯盟軍事領導人馬蘇德發誓，要不惜一切代價，奪回塔盧坎城。馬蘇德指揮的北方聯盟部隊隨即向對手發動了一系列閃電式的突然反擊。

2001 年 8 月，阿富汗塔利班武裝在阿富汗東北地區部署兵力，從阿拉伯國家招募的四百名雇傭兵和從塔控區各省抽調的一千名神學士已在塔盧坎地區集結待命。北方聯盟對塔利班的攻擊計畫已做好充分準備，並在西北、西南地區部署了充足的兵力和武器彈藥。但塔利班的新的大規模進攻還沒有開始，「九一一事件」就發生了。

塔利班運動在 1996 年奪取阿富汗首都喀布爾後，阿富汗一度似乎出現了消除混戰狀態的可能性，它以驚人的速度發展壯大，並占據了阿富汗全境 92% 的領土。人們曾經以為塔利班會很快消滅被稱之為北方聯盟的原阿富汗政權。然而，由馬蘇德指揮的北方聯盟在俄羅斯、塔吉克等國的支持下，一直固守 8% 的領土，形成與塔利班武裝的長期對峙局面。塔利班是戰亂的產物，沒有深厚的社會和政治基礎，如果塔利班能夠徹底戰勝北方聯盟而結束阿富汗內戰，其內部將會出現內訌。對塔利班而言，結束與北方聯盟的戰爭便意味著另一場戰爭的開始。儘管塔利班事實上已控制了阿富汗 92% 的地區，但它對管轄區的控制能力卻已開始削弱。眾多阿富汗人對塔利班的統治已開始表示不滿和失望。塔利班政權正在經歷建立四年來最嚴重的內部危機，其主要表現是老百姓日益增長的厭戰情緒。二十多年的內戰使阿富汗的平民百姓對以戰爭和流血為主要內容的生活方式已經深惡痛絕，人們希望儘早結束內戰，過著踏實平穩的日子。在阿富汗各地的村莊，年邁的母親拒絕再把她們的兒子獻給毫無意義的內戰。已發生了多起鄉下百姓抵制塔利班強行徵兵的反抗事件。據說，拒絕參軍的村民寧願與前來抓壯丁的塔利班軍隊展開殊死搏鬥。

第五節　四面楚歌：塔利班政權的對外關係

在對外政策方面，塔利班政權建立之初，歐瑪爾曾表示，希望同所有鄰邦和全世界愛好和平的國家建立良好的關係。塔利班呼籲聯合國恢復阿富汗的合法席位，呼籲國際社會對其政權的承認。塔利班政權建立後，世界上大多數國家都沒有承認它，許多還與其處於敵對狀態。只有為數不多的幾個國家與其保持著良好關係並支持它。

塔利班的基本教義政策首先得到了一些伊斯蘭國家的認同和支持。巴基斯坦伊斯蘭賢哲會與貝娜齊爾·布托的人民黨結成同盟，共同對巴基斯坦政府施加影響，使其支持阿富汗的塔利班武裝。1994 年，巴基斯坦國民議會外交事務委員會主席法茲努爾·拉赫曼到美國和歐洲遊說，鼓動華盛頓和歐盟支持塔利班。拉赫曼還說服沙烏地阿拉伯等波斯灣國家，使它們成為塔利班的主要財政支持者。布托政府下臺後，伊斯蘭賢哲會又向謝里夫政府施加壓力，促使其支持塔利班政權，巴基斯坦成為承認塔利班政權的三個國家之一。塔利班崛起後，其基本教義的口號與政策得到了沙烏地阿拉伯政府的歡迎，因此沙烏地阿拉伯政府在財政上支持塔利班，後來又很快承認了塔利班政權。沙烏地阿拉伯的目的不僅在於宗教方面，它也希望通過塔利班牽制伊朗，削弱伊朗在該地區的影響。

美國也是塔利班較早的支持者。美國支持塔利班的目的一是遏制伊朗，一是要削弱俄國在中亞地區的影響，與其爭奪中亞的油氣資源，並阻止其南下。為此，美國先是支持希克馬蒂亞爾，後來由於希克馬蒂亞爾繼續內戰，並訓練大量的恐怖分子，使美國感到失望。從 1994 年開始，美國轉而支持塔利班，為其提供了大量的金錢與武器，並支持塔利班在阿富汗建立的新政權。塔利班則同意美國加利福尼亞聯合石油公司建造一條從土庫曼 (Turkomanstan) 經阿富汗到巴基斯坦的輸油管。美國利用塔利班在中亞的油氣爭奪戰中獲得了利益，又利用塔利班向北方的進軍向俄羅斯施加了壓力，可謂一舉兩得。

塔利班武裝在軍事上的不斷勝利和塔利班政權的建立，在俄羅斯和中亞五國引起了強烈的震盪。這些國家擔心阿富汗戰火會向中亞各國邊境蔓延並把伊斯蘭基本教義的影響擴大到中亞各國，從而危害它們的政治穩定和經濟改革。1996 年 10 月 4 日，俄羅斯、吉爾吉斯、塔吉克、哈薩克、烏茲別克等國的領導人在阿拉木圖舉行了特別首腦會議，會上發表了聯合聲明，強調要積極保障獨立國協的邊境安全。同時，俄國國家杜瑪（議會下院）呼籲國際社會對阿富汗無條件地實行武器禁運，凍結阿富汗在國外銀行的財產，對阿富汗進行空中封鎖。後來，俄羅斯與中亞四國的邊防軍司令、國防部長又在阿拉木圖會晤，討論了如何進一步鞏固獨立國協南部邊境並協調在這一問題上的行動的有關問題。烏茲別克甚至開始支持反塔利班的杜斯塔姆一派。當然，大多數獨立國協國家雖然都對阿富汗基本教義的發展感到擔憂，但它們都認為塔利班的問題是阿富汗的內政問題，應該不予干涉。

伊朗認為塔利班有巴基斯坦、沙烏地阿拉伯、尤其是美國的支持，曾同拉巴尼政權聯合對付塔利班，所以伊朗與塔利班的關係一開始就處於敵對狀態。伊朗尤其擔心巴基斯坦和美國會利用塔利班來阻撓它發展與中亞各國的政治、經濟關係。塔利班是遜尼派基本教義者，而伊朗奉行的是什葉派基本教義，伊朗擔心塔利班的勝利會煽動伊朗國內的遜尼派活動，破壞伊朗的政治穩定。因此，伊朗一直支持北方的反塔聯盟。1998 年 8 月 8 日，塔利班武裝占領了馬紮里沙里夫後，綁架了十名伊朗外交官和一名記者，並殺害了其中九人。伊朗方面為此指責了歐瑪爾，並要求塔利班交還死者屍體，將與此事件有關的塔利班人員交付伊朗處置，並無條件釋放所有在押的伊朗人質。另一方面，伊朗調集了二十萬兵力在兩國邊境進行演習。塔利班也不甘示弱，在阿伊邊境部署了二萬多人的部隊。伊朗 8 月 16 日宣布，為確保其居住在阿富汗的伊朗公民的安全，伊朗將保留採取「任何合法行動」的權利。伊朗副議長哈桑．盧哈尼表示，由於阿富汗沒有合法政治實體以確保維也納有關保護外交官的國際公約的實施，伊朗保留採取一切行動以保護其公民的權利。伊朗總統哈塔米同日也警告說，伊不會忍受其邊境地帶的緊張局面。同時，伊朗革命衛隊也宣布，將在其與阿富汗邊境處進行下一次軍事演習。最後在國際社會的呼籲下，在巴基斯坦總理謝里夫的調解下，塔利班交還了伊朗外交人員的屍體並釋放了伊朗人質，雙方關係才得以緩和。

總之，在 1998 年以前，國際上逐漸形成了以巴基斯坦、沙烏地阿拉伯、阿拉伯聯合大公國、美國為主的支持塔利班陣營和以伊朗、俄羅斯、中亞各國、印度為主的反塔利班陣營。但從 1998 年開始，塔利班與美國、沙烏地阿拉伯等原先支持它的國家的關係走向惡化，與原來的敵對國家俄羅斯、中亞國家、伊朗的關係更是到達了劍拔弩張的地步。塔利班的處境可謂是四面楚歌。

1998 年 8 月 7 日，美國駐肯亞和坦桑尼亞大使館被炸，美國懷疑是奧薩瑪．賓．拉登 (Osama bin Laden) 所為， 並於 8 月 20 日轟炸了賓．拉登在阿富汗的基地。美國的作法遭到了塔利班的譴責，從而對雙方關係產生了不利影響。美國對塔利班為賓．拉登提供庇護非常不滿。1999 年 7 月 6 日美國總統柯林頓簽發一項行政令，對塔利班實行制裁，以報復它對賓．拉登的支持。根據這項行政命令，柯林頓政府凍結了塔利班在美國的一切財產，禁止同塔利班所控制的阿富汗地區進行一切貿易活動，美國公司不得在塔利班控制的地區投資。美國於 10 月促使聯合國安理會通過一項決議，限令塔利班在三十日內交出賓．拉登。否則，從 11 月 14 日起對塔利班實施新的制裁，內容包括凍結塔利班在海外的資產和禁止塔利班的飛機飛出阿領空。11 月 12 日，巴基斯坦首都伊斯蘭堡發生六起針對美國使館和聯合國機構的火箭襲擊事件。美情報官員稱，火箭襲擊事件很有可能與塔利班方面有關，或者是賓．拉登策畫的。2000 年 10 月 12 日，美國的「科爾」號導彈驅逐艦在葉門的亞丁港遭到一艘氣墊船的自殺式爆炸襲擊，十七名美國海軍喪命。美國立即將賓．拉登列為頭號嫌疑犯。塔利班現在已是四面楚歌，戰爭的烽煙正在阿富汗上空雲集。2000 年 11 月美國開始積極和俄羅斯醞釀組建多國部隊，對賓．拉登在阿富汗的營地進行毀滅性打擊。此外，美國認為塔利班對賓．拉登一味庇護，因而美國籌畫的聯合軍事行動，不僅針對賓．拉登，也是針對塔利班的。

阿俄關係也走向了劍拔弩張的地步。車臣獨立組織曾利用從塔利班獲得的導彈擊落俄軍數架先進戰機，使俄軍蒙受巨大羞辱；而塔利班 2000 年 1 月承認車臣政府，更令阿俄關係雪上加霜。2000 年 5 月，俄羅斯總統普丁的車臣事務發言人發表講話，指責阿富汗塔利班政權向車臣獨立組織運送武器，並在阿為車臣及一些中亞國家的獨立組織設立軍事訓練營地，嚴重威脅到俄羅斯及其盟友的利益，俄有可能對阿發動預防性空中打擊。塔利班馬上作出反應，聲稱一旦遭到俄空中打擊，將對俄及其盟友進行全面反擊。5 月 24 日，俄羅斯軍方宣稱，俄已作好對阿實施空中打擊的戰略準備，一旦政府有關指示下達，俄將與吉、烏、哈三國聯合實施這一軍事行動。為對抗塔利班形成的威脅，俄羅斯將在中亞與阿富汗的邊界地區部署更多的軍隊，以隨時對塔利班發起軍事行動。俄羅斯對塔利班發動空中打擊的行動如箭在弦，該地區的緊張氣氛驟然加重。

2001 年 1 月 18 日是聯合國安理會於上月通過的對阿富汗塔

利班實施新一輪制裁的最後期限，由於塔利班在給予的三十天內仍未交出賓·拉登及在恐怖主義等問題上採取合作，以武器禁運為主的新的制裁開始實施。

塔利班與沙烏地阿拉伯的關係也走向惡化。1998年9月22日，沙烏地宣布撤回其駐喀布爾的臨時代辦，並同時要求塔利班駐利亞德的臨時代辦也離開沙烏地。沙烏地是承認阿富汗塔利班政權的三個國家之一，是塔利班的主要財政支持者。但現在，兩者的關係日趨緊張。其中一個重要原因是塔利班庇護賓·拉登。沙烏地曾多次要求塔利班交出賓·拉登，但均遭拒絕。沙烏地也面臨著來自美國的巨大壓力，要求其向塔利班施壓，以迫其交出賓·拉登。伊朗與沙烏地長期以來關係一直不好，但近一年來，雙方關係有了明顯的改善，高層互訪不斷。沙烏地不希望這一改善的勢頭受到不利影響。這些都是沙烏地冷落塔利班政權的重要因素。沙烏地的這一決定使塔利班進一步陷於不利的境地，一方面是面臨著伊朗的巨大軍事壓力，另一方面又有可能沒有足夠的財政來源。

第六節　滅頂之災：美國的打擊

2001年9月11日，美國東部時間上午8點50分，兩架被劫持的飛機相隔十八分鐘先後撞擊紐約世貿中心大樓，10點5分世界貿易中心南樓坍塌，10點28分世界貿易中心北樓坍塌，下午5點20分世界貿易中心樓群中四十七層高的七號樓完全坍塌。這是此次事件中坍塌的第三棟樓，造成重大人員傷亡。上午9點半左右，華盛頓的國防部大樓附近又發生了飛機撞擊國防部事件。這架飛機撞擊到了五角大廈後，隨即發生大火。撞擊造成大廈的一翼坍塌。紐約世貿中心大樓被飛機撞擊爆炸之後，美國總統府白宮附近發生大火，美國國務院附近發生汽車炸彈爆炸，而國會附近也發生了爆炸。世界貿易中心日常都有五萬人在裡面工作，日流量最高時可超過十萬人，而早上9點前正是人員最集中的時候。

圖40：奧薩瑪·賓·拉登

晚上8點30分，布希總統向全國發表電視講話，強調美國將把「從事此次行動的恐怖分子和庇護他們的人視為一體」，意即將對支持或藏匿恐怖分子的國家進行同樣的打擊。布希在9月15日上午向全國發表的廣播講話中說，美國將對「恐怖組織以及它們的庇護者和支持者」進行一系列打擊。14日，參眾兩院通過決議，授權總統可以「使用一切必要和適當的武力」，打擊「策畫、指使、實施恐怖襲擊或對其提供幫助的國家、組織和人員以及這些組織和人員的庇護者」。15日上午，布希在廣播講話中還首次指稱賓·拉登是這次對美國進行恐怖襲擊的「首要嫌疑犯」。

聯合國安理會18日再次呼籲阿富汗塔利班當局認真執行安理會已經作出的有關決議，採取切實行動打擊國際恐怖主義。在安理會就阿富汗當前的局勢進行磋商之後，安理會本月主席、法國常駐聯合國代表萊維特發表講話稱:「安理會今天向塔利班發出了一個信息，那就是塔利班必須立即無條件地執行安理會第 1333 號決議。」 聯合國安理會第 1333 號決議是在 2000 年 12 月作出的，該決議加強了對塔利班當局的制裁，同時要求塔利班立即關閉其控制下的恐怖分子訓練基地和交出賓・拉登。

美國國務院 10 月 5 日公布了一份美國政府確定的國際恐怖主義組織名單，共有二十五個組織上榜，首當其衝的是賓・拉登領導的「基地」組織。美國情報機構認為「九一一」恐怖襲擊事件是賓・拉登的副手穆罕默德・阿提夫一手策畫的。阿提夫曾擔任埃及警官。他在 1989 年協助賓・拉登建立了「基地」恐怖組織。他是賓・拉登的兩名主要副手之一。5 日，美國陸軍第 10 山

圖 41：諷刺漫畫——等待聯軍攻擊的塔利班軍隊

地師的一千名官兵進駐烏茲別克斯坦。這是美國部署在阿富汗北面的第一支地面部隊。

到 7 日為止，美、英兩國在阿富汗周邊地區已集結了五萬餘名士兵、五百餘架飛機及三個航母編隊。10 月 7 日，美、英開始了對阿富汗的軍事行動，美軍憑藉絕對的軍事優勢，對喀布爾、南部城市坎達哈、東部城市賈拉拉巴德等塔利班軍事目標進行了猛烈的轟炸和襲擊，不到一週的時間便摧毀了塔利班的機場、飛機和防空系統，掌握了制空權。在轟炸和襲擊中，美軍不僅動用了「巡弋」導彈、B–1 和 B–52 轟炸機，還使用了五千磅重的巨型炸彈，對塔利班的坦克、軍車、軍事基地以及通訊指揮系統等地面目標和賓．拉登的訓練營地以及其他可疑軍事目標進行打擊，從裝備和人員上削弱了塔利班的作戰能力。10 月 31 日，美軍戰機轟炸了阿最大的水力發電廠——卡賈凱水力發電廠，導致坎達哈和拉什卡爾加兩市的電力供應完全中斷。

與此同時，美國以大量資金、重型武器、甚至導彈等軍事物資支援阿富汗北方聯盟。美軍人員還協助北方聯盟在潘傑希爾谷地建設飛機跑道，以供「大力神」運輸機起降。11 月 9 日晚，北方聯盟攻占了塔利班據守的阿富汗北部戰略重鎮馬扎里沙里夫。在美軍猛烈的空中打擊下，塔利班軍隊不戰而退，北方聯盟乘勢占領了阿富汗北部和東部的大部分省分。13 日凌晨塔利班從首都喀布爾撤軍後，在短短的兩天之內又主動從盧格爾、伽色尼、帕克蒂亞、南格哈爾、庫納爾、朱茲詹和烏魯茲甘等省撤軍。這樣在阿富汗全國近三十個省分中，大約只有四、五個省還處在塔利班的控制之下。11 月 13 日，北方聯盟進占首都喀布爾，緊接著又攻占了賈拉拉巴德等重要城市和南部一些省分。塔利班武裝被圍困在阿富汗北部城市昆都茲達兩週之久，終於 24 日繳械投降，北方聯盟據守馬箚里沙里夫的杜斯塔姆當天深夜派遣部隊前往昆都茲，並於 25 日完全接管了該市政權，塔利班在阿富汗北部的最後一個據點失守。至此，塔利班武裝已丟失了大片土地，只剩其總部所在地坎達哈一隅。

數百名美國海軍陸戰隊員於 11 月 25 日夜間和 26 日凌晨分批進入塔利班大本營坎達哈的西南地區，反塔利班的阿富汗部族武裝也於 26 日在美軍炮火的支持下推進到了坎達哈以東大約七公里的地方。同時美國特種部隊也空降在坎達哈以北的地區，同時空降的還有包括坦克等重型武器在內的軍事裝備。由此，坎達哈已處在美軍和當地反塔武裝的合圍之中。

11 月 26 日抵達阿富汗南部的美國海軍陸戰隊立即投入了戰鬥。他們使用武裝直升機向塔利班的一支裝甲部隊發起進攻，擊毀了數輛坦克和裝甲運兵車。約一千名海軍陸戰隊員搭乘直升機從四百英里外的海上艦隻運抵駐地，這是美海軍陸戰隊歷史上最長距離的兩棲及空中部署。海軍陸戰隊的部署標誌著美軍在阿富汗的軍事行動進入了新階段。

一個塔利班高級代表團 12 月 5 日在坎達哈省北部城鎮沙·瓦利克特與即將出任阿富汗臨時行政當局主席的哈米德·卡爾扎伊舉行了會談。根據雙方的會談，塔利班將交出坎達哈的控制權。6 日，集中在大本營坎達哈及鄰近的赫爾曼德和查布爾省的塔利班武裝開始向當地組成的新政權全面繳械。在坎達哈的塔利班武裝首先向當地普什圖族部落領導人納吉布拉領導的新政權繳械，並完成了政權移交。隨後，哈米德·卡爾扎伊領導的部隊進入了坎達哈市。10 日，美國軍隊開始進入坎達哈。塔利班失去了在阿富汗的所有控制地區。之後，美國和北方聯盟全面展開追剿賓·拉登和「基地」組織成員的軍事行動。美國的 B–52 戰機對阿東部城市賈拉拉巴德附近的托拉博拉山區進行了轟炸，北方聯盟的部隊動用坦克和大炮，對該地區展開了猛烈的地面攻勢。歐瑪爾和賓·拉登最後不知逃往何處。

早在 2001 年 11 月 27 日聯合國阿富汗問題會談在德國波昂開始舉行。這次會談由聯合國特使卜拉希米主持，是多年來阿富汗各主要派別首次聚集在一起就阿富汗的前途問題舉行會談。來自阿富汗四個主要派別共三十二名代表出席了本次會談。其中有北方聯盟、前國王查希爾為首的羅馬集團、流亡在國外的阿富汗反塔利班人士組成的塞浦路斯集團和白沙瓦大會組成的代表團。12 月 5 日在波昂會談的阿富汗四方代表簽署了關於成立阿富汗臨時政府的協議。根據協議，將儘快在阿富汗成立一個由一名主席、五名副主席及其他二十四名成員組成的臨時行政當局、一個為 2002 年春天召開緊急「大國民會議」作準備的臨時特別委員會和一個最高法院。阿富汗南部普什圖族領導人哈米德·卡爾扎伊將出任臨時行政當局主席一職，北方聯盟則占據了臨時行政當局中負責內政、外交和國防等事務的關鍵職位。協議規定，臨時行政當局將於 12 月 22 日起正式開始行使管理國家的職能，任期六個月。阿富汗北方聯盟將於 12 月 22 日正式向反塔利班各派同意組建的臨時政府移交政權。各方最終贊同由聯合國授權向阿富汗派遣一支多國部隊。2001 年 12 月 22 日，卡爾扎伊宣誓就任阿富汗臨時政府主席。卡爾扎伊表示，其領導的臨時政府支持發展自由市場經濟並尊重民眾的言論和新聞自由。他說，臨時政府將減少對經濟事務的干預，以促進私人經濟的發展。卡爾扎伊在總統府親自升起了紅、黑、綠三色國旗，號召全國人民克服困難，攜手共建祖國。這是三色旗自 1990 年代被塔利班政權廢除後，首次飄揚在總統府上空，標誌著阿富汗臨時政府重建國家政治、經濟的進程向前邁出了一大步。然而，滿目瘡痍的阿富汗百廢待興，其重建的漫漫旅途才剛剛開始。經歷了二十三年戰亂之苦的阿富汗基本上已「完全崩潰」，八百萬人依靠救濟，據世界銀行統計，在阿富汗有八百萬人依賴食品救濟，五百萬人背井離鄉，50% 的人營養不良，33% 的兒童是孤兒，80% 的人是文盲。此外，阿富汗沒有正規的中央銀行、財政、預算、稅收、海關和司法，更沒有完整的教育、醫療、交通、電力、郵電等系統。可以說，阿富汗問題堆積如山，工廠倒閉，農業凋零，已成為「世界最窮苦的國家」，重建工作基本上是「白手起家」。

2002 年 1 月 9 日，臨時政府內政部發布命令，要求目前在首都喀布爾城內的阿富汗各軍事組織三天內撤至城外軍營，喀布爾的安全將由多國維和部隊和阿富汗警方來負責。到 1 月底，由英國領導的國際維和部隊達到四千五百人。根據國際社會與阿富汗臨時政府達成的協議，國際維和部隊只在喀布爾市內及其郊區活動，以協助維持喀布爾及周圍地區的安全。1 月下旬，儘管美軍仍在阿富汗對塔利班殘餘勢力進行追剿，但塔利班在阿富汗境內已經徹底瓦解，再也沒有能力來有效控制阿富汗的任何一片領土。

2002 年 6 月 11 日，阿富汗大國民會議終於開幕。近一千六百名阿富汗代表和四百名外國嘉賓出席了這一「歷史性的盛會」，但會議從一開始就顯出「紛亂」之相，並受到「大國意志」的影響。確立過渡政府的領導人，是大國民會議的首要任務。在種族眾多、派系繁雜的阿富汗，前國王查希爾、前總統拉巴尼和臨時政府主席卡爾扎伊均是熱門人選。由於各方互不相讓，美國出面進行「調解」。美國阿富汗問題特使哈利里扎德當天與查希爾舉行會談後宣布：「查希爾不會作為過渡政府主席人選，他將支持臨時政府主席卡爾扎伊。」查希爾國王隨後一改初衷，宣布退出角逐並全力支持卡爾扎伊。11 日，前總統拉巴尼也轉而擁護卡爾扎伊繼續執政。卡爾扎伊最後當選為阿富汗過渡政府主席。

過渡政府在 2004 年 1 月頒布新憲法，阿富汗伊斯蘭共和國正式成立。10 月 9 日舉行首次總統直選，卡爾扎伊當選。2011 年 5 月 2 日，美軍在巴基斯坦擊斃賓・拉登。同年，美國總統歐巴馬宣布逐步撤軍方案，推動阿富汗政府與塔利班的和解，但之後卻又三度暫緩撤軍計畫。歐巴馬任內，始終無法解決阿富汗問題。2015 年 7 月 7 日，阿富汗政府和塔利班在巴基斯坦舉行首次公開和談。7 月底，阿富汗政府宣布歐瑪爾已在 2013 年逝世，獲塔利班證實，歐瑪爾的死訊也使得和談進程停滯。2020 年 2 月 29 日，塔利班與美國簽訂協議，美軍將在十四個月內全面撤出阿富汗，

附　錄

大事年表

西元前	
六世紀前半期	居魯士發動反對米堤統治的起義，米堤國家被滅亡。
545–539	居魯士征服阿富汗地區。
522	居魯士平息高默達起義。
六世紀	祆教創立，並在巴克特裏亞地區傳播。
330	亞歷山大東侵，大流士三世戰敗而亡，波斯帝國滅亡。
329	亞歷山大進攻並占領巴克特裏亞。
323	亞歷山大死。
312	塞琉古王朝建立。
250	巴克特裏亞總督狄奧多德宣布脫離塞琉古王國而獨立。
二世紀中期	大月氏人攻入大夏。
西元後	
五世紀初	嚈噠人來到了索格地安那。
420–430	嚈噠人占領巴克特裏亞。
五世紀後半期	貴霜帝國在嚈噠人的打擊下滅亡。
七世紀中期	阿拉伯人開始了對阿富汗地區的征戰。
652	阿拉伯人占領赫拉特。
九世紀初	阿拉伯人占領包括喀布爾和坎達哈在內的整個阿

	富汗地區。
1219	成吉思汗征服中亞和阿富汗地區。
1370	帖木兒攻占撒馬爾汗，自立為蘇丹。
	帖木兒攻占巴里黑。
1381	庫爾特王朝被帖木兒王朝滅亡。
1381	帖木兒的軍隊攻占赫拉特。
1526	巴布爾打敗羅第王朝，占領了德里，建立蒙兀兒帝國。
1672	哈塔克部落和薩非部落等聯盟舉行起義，打敗了蒙兀兒王朝的軍隊。
1722	米爾．馬穆德率軍進攻波斯首都伊斯法汗，滅亡了薩法維王朝。
1738	納第爾攻下坎達哈。
1747	阿富汗部落酋長和宗教領袖會議在坎達哈召開，杜蘭尼王朝建立。
1772	阿赫馬德去世。
1800	馬穆德登上王位。
1842	卡木倫被殺，杜蘭尼王朝完結。
1837	多斯特．穆罕默德在喀布爾加冕，成為「埃米爾」。
1838 年 10 月	英印軍隊開始入侵阿富汗。
1839 年 8 月 7 日	叔佳重新登上阿富汗的王位。
1841 年 11 月	阿富汗第一次抗英戰爭。
1842 年 10 月	多斯特被放回阿富汗，重新當上了喀布爾的埃米爾。
1878 年 11 月	英軍越過阿富汗邊界，長驅直入阿富汗，向坎達哈和喀布爾進發。

1879 年 1 月 8 日	英軍占領坎達哈。
1880 年 7 月 22 日	英國人與拉赫曼簽訂義務備忘錄，正式承認拉赫曼為喀布爾的埃米爾。
1901 年 10 月 1 日	拉赫曼去世，哈比布拉繼承王位。
1911	塔爾奇創辦報紙《光明新聞》。
1914 年 8 月 24 日	哈比布拉宣布阿富汗中立。
1919 年 2 月	哈比布拉被殺，阿曼努拉繼位。
1919 年 5 月 3 日	英國軍隊向阿富汗開伯爾山口的邊防軍發起進攻，阿軍奮起反擊。
1919 年 8 月 8 日	英阿和約正式簽字。
1923	阿富汗頒布第一部憲法。
1928 年 9 月	阿曼努拉在阿富汗成立第一屆國會。
1928 年 12 月 13 日	挑水夫之子巴恰．依．沙科進攻喀布爾。
1929 年 1 月 14 日	阿曼努拉退位。
1929 年 10 月	納第爾攻占喀布爾，成了阿富汗的新國王，納第爾王朝時期開始。
1931	阿富汗新憲法誕生。
	蘇聯與阿富汗簽訂中立和互不侵犯條約。
1933 年 11 月 8 日	納第爾被一名親阿曼努拉派的學生開槍打死，查希爾繼位。
1934	阿富汗加入了國際聯盟。
1936	阿富汗與美國簽訂友好條約。
1937 年 7 月	伊朗、土耳其、伊拉克和阿富汗簽訂〈薩阿達巴德條約〉。
1940 年 11 月	德、義僑民全部離開阿富汗。

1946 年 3 月	阿富汗與美國摩里遜公司達成修建赫爾曼德河水利工程的協議。
1946 年 5 月	哈希姆辭去首相職務，由沙赫．馬穆德親王接任。
1947	覺醒青年黨在坎達哈成立。
1953 年 9 月	穆罕默德．達烏德發動政變，推翻馬穆德政權，出任首相。
1955 年 2 月	赫魯雪夫和布加寧訪問喀布爾。
1956 年 8 月	阿富汗政府編制了發展國民經濟的第一個五年計畫。
1961 年 4 月	阿富汗政府頒布第二個五年計畫草案。
1962	阿富汗政府正式通過第二個五年計畫。
1963 年 3 月	達烏德被迫下臺，穆罕默德．尤素福繼任為政府首相。
1963 年 5 月	阿富汗與伊朗簽訂有關恢復邦交、開放邊境和過境貿易的協定。
1963 年 9 月	查希爾國王和王后訪問華盛頓。
1964 年 9 月	阿富汗大國民議會召開，審議並通過新憲法。
1964 年 10 月	查希爾國王攜王后訪問北京。
1964 年 10 月 25 日	人民民主黨的煽動下發生了阿富汗歷史上有名的「八．三」事件。
1965 年 1 月 1 日	塔拉基和卡爾邁勒等人正式宣布成立人民民主黨。
1967	阿富汗開始實施第三個五年計畫。
	美國與阿富汗簽訂農產品銷售協定。
1967 年 6 月	人民民主黨分裂為「旗幟派」和「人民派」。
1973 年 3 月	阿富汗與伊朗簽訂關於赫爾曼德河水資源分配的

	條約。
1973 年 7 月 17 日	達烏德發動政變，查希爾國王被推翻。
1974 年 6 月	達烏德訪問蘇聯，莫斯科答應為阿富汗的七年計畫提供巨額貸款。
1974 年 11 月	美國國務卿亨利．季辛吉訪問阿富汗。
1975	阿富汗政府頒布《土地改革法》。
1976	阿富汗政府先後頒布《刑法》和《民法》。
1976 年 6–7 月	阿富汗總統特使納依姆訪問美國。
1977	達烏德政府頒布 1977 年到 1983 年的七年經濟發展計畫。
1977 年 1 月	阿富汗國民大會討論通過了新憲法。
1977 年 4 月	達烏德再次訪問莫斯科，與布里茲涅夫進行了會談。
1977 年 6 月	阿富汗政府頒布《文官法》，同月批准了〈赫爾曼德河水條約〉。
1978 年 4 月 27 日	人民民主黨發動了政變，達烏德被打死，阿富汗共和國被推翻。
1978 年 6 月	伊斯蘭黨在阿富汗東部三省發動了反對塔拉基政權的起義。
1978 年 12 月 5 日	莫斯科與喀布爾簽訂了為期二十年的〈阿蘇友好睦鄰合作條約〉。
1979 年 9 月 14 日	阿明政變成功，推翻塔拉基政權，自任革命委員會主席。
1979 年 12 月 27 日	蘇聯軍隊開始入侵阿富汗，占領喀布爾。
1980 年 1 月 14 日	聯合國全體緊急會議通過「要求外國軍隊撤出阿富汗的決議」。

1980 年 5 月	抵抗組織在巴基斯坦的白沙瓦召開聯合會議。
1981 年 6 月	抵抗組織達成聯合協議，成立阿富汗聖戰者伊斯蘭聯盟。
1987 年 7 月 28 日	戈巴契夫發表海參崴談話，宣布在當年年底從阿富汗撤走六個團的蘇軍，共計八千人。
1987 年 9 月	八個什葉派組織聯合成立「阿富汗伊斯蘭革命聯盟」。
1988 年 1 月 14 日	美國、蘇聯、巴基斯坦和喀布爾政權四方在日內瓦簽署了關於政治解決阿富汗問題的協議，史稱〈日內瓦協定〉。
1989 年 2 月 15 日	駐阿蘇軍按照〈日內瓦協定〉如期完成了撤軍工作。
1991 年 9 月 13 日	美國和蘇聯在莫斯科簽訂協議，宣布從 1992 年 1 月 1 日起停止向阿富汗交戰雙方提供軍事援助。
1992 年 4 月	阿富汗伊斯蘭國宣布成立，穆賈迪迪任臨時總統。
1992 年 6 月	拉巴尼繼任臨時總統，年底被推選為正式總統。
1996 年 9 月	拉巴尼政權被塔利班武裝推翻。 塔利班占領喀布爾。 塔利班關閉了喀布爾大學。
1996 年 10 月 9 日	反塔利班的北方聯盟正式成立。
1998 年 8 月 8 日	塔利班武裝攻占北部重鎮馬奇里沙里夫。
1998 年 8 月 20 日	美國轟炸賓·拉登在阿富汗的基地。
2001 年 2 月 26 日	歐瑪爾下令銷毀阿富汗境內全部非伊斯蘭雕像。
2001 年 9 月 11 日	兩架被劫持的飛機先後撞擊紐約世貿中心大樓。
2001 年 10 月 7 日	美、英開始了對阿富汗的軍事行動。
2001 年 11 月 13 日	北方聯盟進占首都喀布爾。

2001 年 12 月 22 日	卡爾扎伊宣誓就任阿富汗臨時政府主席。
2002 年 6 月	成立阿富汗過渡政府，卡爾扎伊當選過渡政府主席。
2004 年 10 月	卡爾扎伊當選首任民選總統。
2009 年 8 月	舉行第二次總統選舉，卡爾扎伊連任
2011 年 5 月 2 日	賓．拉登被美軍擊斃。
2012 年 5 月 1 日	阿富汗與美國簽署《戰略夥伴關係協議》
2013 年 4 月 23 日	歐瑪爾死亡。
2015 年 7 月 7 日	阿富汗政府和塔利班在巴基斯坦舉行首次的公開和談。
2020 年 2 月 29 日	塔利班與美國在杜哈簽訂協議，宣布美軍將於十四個月內全面撤出阿富汗。

參考書目

王治來，《中亞史》，北京：中國社會科學出版社，1980。

玄奘，《大唐西域記》，北京：中華書局，1985。

卡爾．布羅克爾曼，《伊斯蘭教各民族與國家史》，中譯本，北京：商務印書館，1985。

朱克，《阿富汗》，北京：世界知識出版社，1959。

杜普雷著，黃民興譯，《阿富汗》，西北大學印刷，2001。

珀西．塞克斯 (Percy Sykes)，《阿富汗史》(*A History of Afghanistan*)，倫敦：麥克米蘭出版公司，1940。

張士智、趙慧傑，《美國中東關係史》，北京：中國社會科學出版社，1993。

普伽琴科娃、列姆佩利，《中亞各族文化藝術史》，中譯本，蘭州：甘肅人民出版社，1994。

彭樹智，《阿富汗三次抗英戰爭》，北京：商務印書館，1982。

彭樹智，《現代民族主義運動史》，西安：西北大學出版社，1988。

彭樹智（主編），《中東國家和中東問題》，開封：河南大學出版社，1991。

彭樹智（主編），《二十世紀中東史》，北京：高等教育出版社，1991。

彭樹智，《東方民族主義思潮》，西安：西北大學出版社，1992。

彭樹智（主編），《阿富汗史》，西安：陝西旅遊出版社，1993。

彭樹智，《伊斯蘭教與中東現代化進程》，西安：西北大學出版社，

1997。

彭樹智、黃楊文，《中東國家通史．阿富汗卷》，北京：商務印書館，2000。

劉競，《蘇聯中東關係史》，北京：中國社會科學出版社，1987。

趙汝清，《絲綢之路西段歷史研究》，蘭州：甘肅文化出版社，1999。

羅．唐納森，《蘇聯在第三世界的得失》，中譯本，北京：世界知識出版社，1985。

圖片出處：圖 28：Hulton-Deutsch Collection/CORBIS；圖 30、31、33、34：Bettmann/CORBIS；圖 35：Reuters New Media Inc./CORBIS；圖 36、39：Patrick Robert/CORBIS SYGMA；圖 37：Lynsey Addario/CORBIS；圖 38：Francoise de Mulder/CORBIS；圖 40：AFP/CORBIS；圖 41：Danzigercartoons

國別史叢書

土耳其史——歐亞十字路口上的國家

在伊斯蘭色彩的揮灑下，土耳其總有一種東方式的神祕感。強盛的國力創造出充滿活力的燦爛文明，特殊的地理位置則為她帶來多舛的境遇。且看她如何在內外交迫下，蛻變新生，迎向新時代的來臨。

約旦史——一脈相承的王國

約旦位於阿拉伯國家與以色列衝突的前線，透過靈活外交手段、堅定的意志、以及順應潮流變革的做法，讓約旦在夾縫中得以力求生存，成為動盪的中東海洋裡一座穩定而平安的島嶼。

國家圖書館出版品預行編目資料

阿富汗史：戰爭與貧困蹂躪的國家／劉雲著.－－二版一刷.－－臺北市：三民，2020
面；　公分.－－（國別史）

ISBN 978-957-14-6824-2（平裝）
1. 歷史 2. 阿富汗

736.21　　109006641

國別史

阿富汗史——戰爭與貧困蹂躪的國家

作　者	劉雲
發行人	劉振強
出版者	三民書局股份有限公司
地　址	臺北市復興北路 386 號 (復北門市) 臺北市重慶南路一段 61 號 (重南門市)
電　話	(02)25006600
網　址	三民網路書店 https://www.sanmin.com.tw
出版日期	初版一刷 2004 年 5 月 二版一刷 2020 年 6 月
書籍編號	S730170
I S B N	978-957-14-6824-2

三民書局